本著作受到如下项目资助：

·2021年度教育部人文社会科学研究规划基金项目：基于精准扶贫行为审视的民营企业参与乡村振兴长效机制研究（21YJAZH079）

·湖南省教育厅科研重点项目：数字经济时代新型消费特征驱动乡村产业振兴机制研究（23A0623）

·湖南工学院2023年博士科研启动项目：城乡产业融合数字化转型赋能乡村振兴长效机制研究（HQ23035）

基于精准扶贫行为审视的民营企业参与乡村振兴长效机制研究

唐欣　曹执令　康健　著

华中科技大学出版社
http://press.hust.edu.cn
中国·武汉

内 容 提 要

本书从精准扶贫驱动机制、精准扶贫与创新绩效空间分异、精准扶贫对绩效异质性影响等方面对民营企业参与精准扶贫行为进行全景审视,在此基础上从资源拼凑对乡村技术创业影响、场景驱动创新、"万企兴万村"行动、数字技术赋能、新型消费特征驱动等方面探讨民营企业参与乡村振兴的长效机制,为制定民营企业参与乡村振兴相关政策、实现民营企业参与特定区域乡村振兴高效匹配、设计民营企业参与乡村振兴的价值共创途径提供理论指导。

图书在版编目(CIP)数据

基于精准扶贫行为审视的民营企业参与乡村振兴长效机制研究/唐欣,曹执令,康健著.—武汉:华中科技大学出版社,2024.5
ISBN 978-7-5772-0864-0

Ⅰ.①基… Ⅱ.①唐… ②曹… ③康… Ⅲ.①民营企业—作用—农村—社会主义建设—研究—中国 Ⅳ.①F279.245 ②F320.3

中国国家版本馆 CIP 数据核字(2024)第 098323 号

基于精准扶贫行为审视的民营企业参与乡村振兴长效机制研究
Jiyu Jingzhun Fupin Xingwei Shenshi de Minying Qiye Canyu Xiangcun Zhenxing Changxiao Jizhi Yanjiu

唐 欣 曹执令 康 健 著

策划编辑:	李家乐
责任编辑:	阮晓琼　李家乐
封面设计:	廖亚萍
责任校对:	张会军
责任监印:	周治超
出版发行:	华中科技大学出版社(中国·武汉)　电话:(027)81321913
	武汉市东湖 新技术开发区华工科技园　邮编:430223
录　　排:	武汉正风天下文化发展有限公司
印　　刷:	武汉市洪林印务有限公司
开　　本:	710mm×1000mm　1/16
印　　张:	10.25
字　　数:	172 千字
版　　次:	2024 年 5 月第 1 版第 1 次印刷
定　　价:	89.80 元

本书若有印装质量问题,请向出版社营销中心调换
全国免费服务热线:400-6679-118 竭诚为您服务
版权所有　侵权必究

前言 FOREWORD

民营企业在参与精准扶贫的过程中已经体现出了帮扶实践的精准靶向、多元主体互动参与、价值共创和城乡产业资源集聚整合等优势。通过科学审视民营企业精准扶贫实践,能够帮助完善民营企业参与乡村振兴长效机制的构建思路,对乡村振兴战略目标任务的完成意义明显。但目前该领域的研究还相对较少,尤其是民营企业参与乡村振兴的科学激励机制、靶向匹配方式与价值共创途径尚待明晰,针对这一理论研究空白点,本书从在审视民营企业精准扶贫的基础上探讨其参与乡村振兴的长效机制,具体研究包括如下十个章节。

第一章序言:提出本研究的理论价值和实际应用价值,研究目标和重难点,四个研究模块(概括民营企业参与乡村振兴长效机制的体系构成、多维度化推演民营企业参与乡村振兴的激励机制、科学构建民营企业参与乡村振兴的靶向匹配方式、分类设计民营企业参与乡村振兴的价值共创途径),研究思路与方法(案例分析与数据挖掘、实地调研与问卷发放、质性研究与比较分析、数理统计与实证分析、观点凝练与政策仿真)。

第二章国内外研究的现状和趋势:首先对学术史进行梳理,然后对"民营企业参与扶贫""乡村振兴""巩固拓展脱贫攻坚成果与乡村振兴衔接"三个领域内现有的研究成果进行梳理,在简要述评的基础上提出本书的研究脉络和内容。

第三章民营企业参与乡村振兴长效机制——精准扶贫驱动机制视角:以民营企业高管政治关联、年长高管比例为自变量,扶贫参与意愿、扶贫投入强度为因变量，区域制度环境和媒体关注程度为调节变量，应用2016—2019年民营上市公司为样本，对民营企业参与精准扶贫的驱动机制进行实证分析。结果表明：高管政治关联对"扶贫参与意愿"的正向影响程度大于年长高管比例，年长高管比例对"扶贫投入强度"的正向影响程度大于高管政治关联。区域制度环境负向调节民营企业内部因素对"扶贫参与意愿"的作用，区域制度环境正向调节民营企业内部因素对"扶贫投入强度"的作用，媒体关注程度正向调节民营企业内部因素对"扶贫投入强度"的作用。

第四章民营企业参与乡村振兴长效机制——精准扶贫与创新绩效空间分异视角：为民营企业参与精准扶贫与其自身创新绩效在空间分布上的分异进行了探讨，并进而剖析了导致这种空间分异现象出现的前因要素，最后构建出理论模型来解释如何科学激励民营企业持续性参与乡村振兴，并为不同地域范围内民营企业参与乡村振兴及提升创新绩效指出了可能的演化途径。

第五章民营企业参与乡村振兴长效机制——精准扶贫对绩效异质性影响视角：将民营企业绩效解析为财务绩效与市场绩效两个异质性的类别，以2016—2019年民营上市公司为样本，使用市场化水平指数和行业社会责任敏感性为分类变量，就民营企业参与精准扶贫对其绩效的异质性进行了实证分析。计算结果显示，市场化水平较低地域内民营企业参与扶贫，能提升财务绩效，但降低了市场绩效；行业社会责任敏感程度较高行业中的民营企业参与扶贫，既能提升财务绩效，也能提升市场绩效。

第六章民营企业参与乡村振兴长效机制——资源拼凑对乡村技术创业影响视角：选取了初创和早期成长作为时间轴上的不同发展阶段，对创业学习、资源拼凑和乡村技术创业三者之间的作用机制进行理论推演，结果表明，初创阶段，资源拼凑对经验学习与乡村技术创业之间的关系起正向调节作用；早期成长阶段，资源拼凑对认知学习与乡村技术创业之间的关系起正向调节作用。

第七章民营企业参与乡村振兴长效机制——场景驱动创新视角：从农业全产业链生产环节、营销环节和服务环节来看，目前民营企业参与乡村振兴长效机制包括如数字农场场景、智慧物流场景、食品安全场景、农产品电商场景、数字融合场景、休闲农业场景和社交电商场景等农业场景，并选取相关典型企业基于场景驱动创新的案例,对民营企业参与乡村振兴长效机制构建的途径进行阐述。

第八章民营企业参与乡村振兴长效机制——"万企兴万村"行动视角:提出未来对"万企兴万村"行动助推共同富裕的微观机理与实现路径的研究思路,以民营经济与共同富裕的协同发展机制为研究对象,从"万企兴万村"行动促进共同富裕的角度,对理论体系、微观机理、实现路径、保障机制四个模块进行研究。

第九章民营企业参与乡村振兴长效机制——数字技术赋能视角:提出未来对数字经济助推精准扶贫与乡村振兴有效衔接实现路径的研究内容,包括体系构成、过程机制、典型路径、对策建议,并提出可能的创新点,新研究视域的选择、新研究情境的应用、新理论框架的构建。

第十章民营企业参与乡村振兴长效机制——新型消费特征驱动视角:提出未来对数字时代新型消费特征驱动乡村产业振兴机制的研究内容,包括理论体系、微观机理、实现路径、保障机制,并提出可能的创新点,契合数字时代新型消费特征演化这一情境,为乡村产业振兴问题的研究找到了新的切入点;将数字时代新型消费特征驱动乡村产业振兴的微观机理解析为多维度逻辑关联、利益分配机制、协同机制设计等三个方面进行探索。

目录 CONTENTS

第一章　序言　1
　　第一节　研究的理论和实际应用价值　1
　　第二节　研究目标及重难点　2
　　第三节　研究内容　3
　　第四节　研究思路与方法　5

第二章　国内外研究的现状和趋势　8
　　第一节　学术史梳理　8
　　第二节　研究动态　9
　　第三节　简要评述　29

第三章　民营企业参与乡村振兴长效机制　30
　　　　　——精准扶贫驱动机制视角
　　第一节　引言　30
　　第二节　研究设计　33
　　第三节　实证分析　36
　　第四节　稳健性分析　42
　　第五节　理论诠释及政策设计　49
　　第六节　结论　51

第四章　民营企业参与乡村振兴长效机制　53
　　　　　——精准扶贫与创新绩效空间分异视角
　　第一节　引言　53
　　第二节　精准扶贫与创新绩效空间分异状况　54

第三节 民营企业精准扶贫与创新绩效前因变量分析 54
第四节 理论模型构建 57
第五节 结论 60

第五章 民营企业参与乡村振兴长效机制 63
——精准扶贫对绩效异质性影响视角
第一节 引言 63
第二节 研究设计 66
第三节 实证分析 69
第四节 稳健性分析 74
第五节 理论诠释及政策设计 79
第六节 结论 83

第六章 民营企业参与乡村振兴长效机制 85
——资源拼凑对乡村技术创业影响视角
第一节 引言 85
第二节 概念界定 86
第三节 模型构建及理论诠释 88
第四节 结论 90

第七章 民营企业参与乡村振兴长效机制 92
——场景驱动创新视角
第一节 引言 92
第二节 农业场景概述 92
第三节 农业全产业链场景化创新案例分析 93

第八章 民营企业参与乡村振兴长效机制 108
——"万企兴万村"行动视角
第一节 引言 108
第二节 研究思路设计 110
第三节 结论 114

第九章　民营企业参与乡村振兴长效机制　116
　　——数字技术赋能视角
　　第一节　引言　116
　　第二节　研究思路设计　119
　　第三节　结论　120

第十章　民营企业参与乡村振兴长效机制　122
　　——新型消费特征驱动视角
　　第一节　引言　122
　　第二节　研究思路设计　124
　　第三节　结论　126

参考文献　128
后记　150

第一章 序　　言

第一节　研究的理论和实际应用价值

　　实施乡村振兴战略,是党的十九大做出的重大决策部署,是新时代做好"三农"工作的总抓手。2018年,《中共中央国务院关于实施乡村振兴战略的意见》明确指出"推动城乡要素自由流动、平等交换";2018年中共中央、国务院印发的《乡村振兴战略规划(2018—2022年)》,进一步强调"加快形成财政优先保障、金融重点倾斜、社会积极参与的多元投入格局";2020年,党的十九届五中全会审议通过了《中共中央关于制定国民经济和社会发展第十四个五年规划和二〇三五年远景目标的建议》,提出"实现巩固拓展脱贫攻坚成果同乡村振兴有效衔接""健全防止返贫监测和帮扶机制"和"坚持和完善社会力量参与帮扶"。因此,全面实施乡村振兴战略,需要强化以工补农、以城带乡,同时还需要巩固拓展脱贫攻坚成果(特别是增强乡村产业"造血"功能以防止返贫)、完善社会力量(尤其是民营企业)参与帮扶,这就引发了一系列的思考:"民营企业参与帮扶"在"全面推进乡村振兴"格局中应当如何定位,民营企业在"以工补农、以城带乡"的进程中应当起到怎样的作用。

　　编者认为,民营企业在参与精准扶贫的过程中已经体现出了帮扶实践的精准靶向、多元主体互动参与及价值共创、城乡产业资源集聚整合等优势,通过科学审视民营企业精准扶贫实践,能够帮助完善民营企业参与乡村振兴长效机制的构建思路,对乡村振兴战略目标任务的完成意义明显,但目前该领域的研究还相对较少,尤其是民营企业参与乡村振兴的科学激励机制、靶向匹配方式与价值共创途径尚待明晰,这也为本书的理论价值和现实意义做出了合理注释。

　　综上所述,本书研究的理论和实际应用价值归纳如下。

一、理论价值

在乡村振兴战略背景下,以城乡资源契合与供需平衡匹配为纽带,探索激励民营企业积极参与乡村振兴的方式,解析城乡产业协同创新的潜在瓶颈,设计"政府—民营企业—乡村—农户—城乡市场"多元主体的价值共创途径,可以同时丰富农业经济管理和农村经济学的理论体系,拓展学科交叉融合的研究思路。

二、实际应用价值

(1)帮助各级政府科学制定激励民营企业对口帮扶、实现乡村全面振兴的相关政策。

(2)指导不同类型民营企业科学制定参与特定区域乡村振兴的典型匹配方式,积极推进民营企业参与乡村振兴的阶段跃迁。

(3)分类设计民营企业参与乡村振兴的价值共创途径,为乡村全面振兴和民营企业持续壮大提供坚实基础。

第二节 研究目标及重难点

一、研究目标

(1)在对民营企业参与精准扶贫行为进行全景审视的基础上,概括民营企业参与乡村振兴长效机制的体系构成。

(2)多维度化推演民营企业参与乡村振兴的激励机制。

(3)科学构建民营企业参与乡村振兴的靶向匹配方式。

(4)分类设计民营企业参与乡村振兴的价值共创途径。

二、研究重点

(1)将政策指引拉动、企业内部驱动、媒体关注助推三个维度上的民营企业参与乡村振兴激励机制整合在同一个框架下进行研究,以保证能够针对不同类型民营企业、不同地域乡村状况来设计差异性的激励机制。

(2)提炼出能够同时契合不同类型民营企业、不同地域乡村状况两个维度的民营企业参与乡村振兴的典型靶向匹配方式,并明确各种靶向匹配方式的差别、联系及组合关系。

(3)量化评价民营企业所参与帮扶乡村振兴的演进阶段及空间分布的差异水平,并据此设计"政府—民营企业—乡村—农户—城乡市场"多元主体的价值共创途径。

三、研究难点

组织大规模调查问卷发放和实地调研难度大。本研究需要以广阔地域内参与乡村振兴的民营企业及其帮扶乡村为对象,进行参与精准扶贫与乡村振兴状况的分析和相关数据收集,因此原始数据的采集、整理和甄别存在一定困难。此问题可借助网络问卷、项目合作管理部门数据、典型样本实地调研、委托项目参与式观察、丰富的同学及校友资源发放问卷、征集各地区调查员等方式获得解决。

第三节 研究内容

本书研究内容分为四个模块,具体概括如下。

一、概括民营企业参与乡村振兴长效机制的体系构成

(1)结合相关文献,采取案例对比分析的方法,归纳出目前民营企业参与乡村振兴行为的实践形态,在政策引导、主体协同、合作方式、收益回报和风险分担等方面进行比较研究。

(2)在前面比较研究的基础上,从科学内涵、运行机制和保障体系三个方面概括民营企业参与乡村振兴长效机制的体系构成。

二、多维度化推演民营企业参与乡村振兴的激励机制

（1）政策指引拉动力维度，基于民营企业精准扶贫行为与相关政策的契合度水平，探索以引领乡村振兴规划、参与乡村建设项目补贴、帮扶乡村优惠贷款额度为核心内容的激励机制设计。

（2）企业内部驱动力维度，首先解析民营企业高级管理者，特别是创始人团队政治关联状况对参与精准扶贫行为的影响机制，其次解析参与精准扶贫对民营企业财务绩效与市场绩效所可能存在的异质性影响，最后使用生态位工具解析民营企业参与精准扶贫的行业同群效应，并基于上述分析结论整合探索以管理层政治关联优化、参与乡村振兴过程中绩效水平提升、行业同群效应催生为核心内容的激励机制设计。

（3）媒体关注助推力维度，量化分析媒体关注状况对民营企业参与精准扶贫行为的影响机制，并基于分析结论探索以合理引导媒体关注方向、科学配置媒体报道频度、动态调适媒体报道方式（尤其是符合互联网背景下新闻受众特点的媒体报道方式）为核心内容的激励机制设计。

三、科学构建民营企业参与乡村振兴的靶向匹配方式

（1）拟从民营企业参与乡村振兴长效机制构建的关键——城乡资源契合与供需平衡匹配出发，解析民营企业参与乡村振兴的演进过程：供需瞄准、靶向协同、动态匹配，并将其划分为初级、中级和高级三个阶段，研究各阶段的特征。

（2）在时空分异维度上，确定民营企业参与乡村振兴行为所处的发展阶段，并从如下三种路径上构建典型的靶向匹配方式："推"的路径（民营企业提供资金、技术、物资等参与乡村振兴），"拉"的路径（民营企业推动乡村实现自然资源精耕、村民素质提升等目标），"推＋拉"相结合的路径（民营企业向乡村传授专业知识，并协助乡村实现产业升级、乡村治理、产村融合等目标），以实现针对不同乡村状况的差异化靶向匹配，渐次推动民营企业在本地或跨地域参与乡村振兴的演进过程中实现从低级阶段向高级阶段的跃迁。

四、分类设计民营企业参与乡村振兴的价值共创途径

（1）评价乡村振兴的成熟度水平，根据《中共中央国务院关于实施乡村振兴战

略的意见》，从经济绩效、社会绩效和环境绩效三个方面评价民营企业参与帮扶乡村振兴的成熟度水平。

（2）利用聚类分析方法，对比不同地域内乡村振兴的阶段演进及空间分布的差异性水平，剖析城乡资源匹配存在的不足，解析特定区域乡村振兴所缺乏的基础支撑，为价值共创途径的设计提供事实依据与政策切入点。

（3）针对不同类型民营企业、不同区域乡村社会的发展状况、不同省(市)中民营企业的资源禀赋差别、不同省(市)内乡村"防贫减贫"战略的需要，合理构建以乡村全面振兴为根本导向，以"乡村自主创新能力培育""民营企业自身发展与反哺乡村间协同""城乡靶向匹配绩效动态监控与调适"为核心内容，以"政府—民营企业—乡村—农户—城乡市场"为多元主体的"一体三翼五层"的价值共创途径。

第四节 研究思路与方法

一、研究思路

本书的研究思路遵循"文献与现状研究→案例分析→数据采集→实证分析→归纳演绎→政策建议"的顺序(见图1-1)。

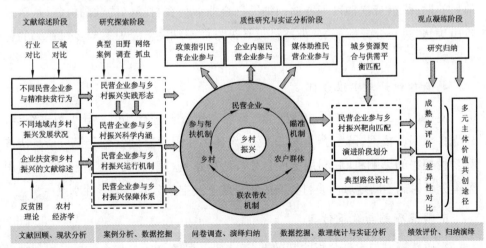

图1-1 研究的基本思路

二、研究方法

本书研究所采用的研究方法概括如下。

1. 案例分析与数据挖掘

对10—15个代表性民营企业参与乡村振兴的实践形态进行深度访谈,同时使用网络爬虫工具对所抓取的媒体报道资料进行补充,归纳民营企业参与乡村振兴的科学内涵,讨论其运行机制,初步推演其保障体系,提出研究设计与路径。

2. 实地调研与问卷发放

首先选择10—15个代表性乡镇进行乡村振兴整体状况的实地调研,然后在征求专家意见修改完善的基础上,通过网络问卷、电话专访、实地调查员等方式发放"民营企业参与乡村产业振兴状况调研问卷"及"乡村振兴成熟度水平评价调研问卷",同时还选择部分典型的民营企业参与乡村振兴项目进行参与式观察。

3. 质性研究与比较分析

分类整理实地调研、问卷回收等途径所得的资料,对激励民营企业参与乡村振兴的可能途径、靶向匹配方式进行总结,演绎出相关概念、类别划分和维度设计。借用NVivo质性分析软件,进行开放性、选择性和理论性编码,从规划引领、项目补贴、优惠贷款额度等方面归纳民营企业参与乡村振兴的激励机制,从演进阶段确认、时空分异解析、典型路径设计等方面归纳民营企业参与乡村振兴的靶向匹配方式。

4. 数理统计与实证分析

使用Stata13软件,对所抓取数据、问卷调研资料进行均值差异等数理统计;建立多元回归模型,解析企业内部因素、媒体关注因素对民营企业参与精准扶贫和乡村振兴的影响机制;利用主成分分析法构建乡村振兴成熟度评价体系,利用聚类分析明确不同地域内乡村振兴的阶段演进及空间分异的差异性水平。

5. 观点凝练与政策仿真

在质性研究与实证分析的基础上,逐步设计民营企业参与乡村振兴的激励机制、靶向匹配机制与以"政府—民营企业—乡村—农户—城乡市场"为多元主体的"一体三翼五层"的价值共创途径。同时设计政策变量,通过构建仿真模型,运用NetLogo选择典型乡村进行政策实施效果评估,力求全方位检验民营企业参与乡村振兴的政策效果。

第二章　国内外研究的现状和趋势

第一节　学术史梳理

本章先梳理"扶贫"和"乡村振兴"两个领域的研究脉络(见图2-1),进而找到本研究切入点。

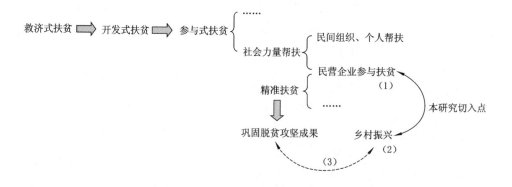

图 2-1　国内外相关研究的学术史梳理

(1)国家扶贫模式从发展上经历了救济式扶贫(沈红,2000;王思斌,2007;张浩淼,2013)、开发式扶贫(刘冬梅,2001;朱京曼,2003;李松龄,2009;王增文,2012)、参与式扶贫(李小云,2001;郑杭生,2009;李培林,王晓毅,2013)的发展历程。社会力量帮扶是参与式扶贫的重要组成部分,社会力量扶贫具有资源整合、灵活创新等特点,能弥补政府扶贫缺陷,在扶贫领域发挥关键作用(曲天军,2002;Simanis, Hart,等,2008;范明林,2010),民营企业扶贫是社会力量扶贫的主体(Prahalad,2005;Martinez, Carbonell,2007;邢小强,全允桓,等,2011;闫东东,付华,2015)。

(2) 精准扶贫包括"六个精准、五个一批"等内容,研究成果丰富,民营企业会出于承担社会责任的道德动机参与精准扶贫(张海鹏,2017;张蒽,2018)。

(3) 乡村振兴战略是新时代"三农"工作的总抓手,民营企业将依托其在扶贫过程中展现出的优势继续参与乡村振兴(陆继霞,2020)。

第二节 研究动态

目前聚焦探讨民营企业参与乡村振兴机制的高质量研究还比较少见,相关研究成果主要分布在"民营企业参与扶贫""乡村振兴""巩固脱贫攻坚成果与乡村振兴衔接"三个领域,下面将对这三个领域内现有的研究成果进行梳理。

一、民营企业参与扶贫

1. 民营企业参与扶贫的驱动因素研究

在阐述资源依赖理论、利益相关者理论、信息不对称理论以及信号传递理论的基础上,选取理论与实证相结合的方法,以2016—2019年5427家A股民营上市公司为样本进行实证研究,得出以下结论:民营企业的精准扶贫活动可以提高企业的债务融资能力,有利于企业获得更大的融资规模和更低的融资成本;政治关联的民营企业精准扶贫对债务融资能力的正向作用更显著,政治关联的级别越高,政治关联对民营企业精准扶贫与债务融资关系的正向作用越强;不同类型的精准扶贫方式对债务融资的影响有差别,产业扶贫和教育扶贫的促进作用更显著;在制度环境越差的地区,民营企业精准扶贫行为改善债务融资能力的作用越显著(李佳研,2021)。

以在精准扶贫中具有典型性、有较大扶贫金额投入的企业——河南牧原股份为例进行案例分析。研究发现在2016—2020年,牧原股份以产业扶贫为主,扶贫投入强度较大,远超行业内扶贫投入强度位列第二的新希望集团与第三的温氏股份。牧原股份建档立卡贫困户的帮扶人数与脱贫人数以及脱贫率,在行业内均有出众表现,扶贫效果突出。采用现状梳理与案例研究相结合的方式,从宏观与微观角度分析了牧原股份参与精准扶贫的三点动因:响应国家宏观政策、获取政府关键资源、提升企业社会形象。运用事件研究法分析得出案例企业参与精准扶贫在短期内未得到资本市场的正向响应(陆晓瑜,2022)。

以企业社会责任理论、战略性慈善行为理论、资源依赖理论和消费者认同理论等为基础,从动因、路径、风险和影响四个方面,在理论层面分析了民营企业为什么参与精准扶贫、如何参与精准扶贫、参与精准扶贫会面临什么样的潜在风险以及会创造什么样的价值等问题。以拼多多参与精准扶贫为例,从动因、路径、风险和价值创造四个方面入手,通过分析消费者认同、差异化战略、营销效率以及品牌价值等方面的影响,深入剖析拼多多参与精准扶贫的动因、总结归纳拼多多精准扶贫的成效经验、客观分析拼多多在精准扶贫中面临的风险、综合评价拼多多参与精准扶贫对自身及行业创造的价值。研究结果表明:民营企业参与精准扶贫的动因可以归纳为道德动因和经济动因,道德动因可能是出于高管的贫困经历移情,经济动因主要是出于企业的战略布局需要、企业声誉维护和善因营销等,这些动因会驱动企业的扶贫行为。因此民营企业参与精准扶贫的价值创造主要可概括为:通过精准扶贫的公益性来履行社会责任,实现社会价值;借助精准扶贫的产业性来推动企业自身的良性发展,实现商业价值(任珊,2022)。

基于逆向软预算约束观点与资源依赖理论,强调企业在面对复杂制度情境下的主动控制行为,响应Oliver(1991)在其论文中希望基于资源依赖理论来分析制度过程与组织响应的研究呼吁,拓展了企业参与政府主导的企业社会责任行为的动因,将地方政府扶贫力度与政府主导的企业社会责任活动联系起来,基于精准扶贫的情境揭示了民营企业与地方政府之间的隐性利益互换关系,为如何更有效推进政企合作并引导民营企业家积极投身于社会责任行为提供了基础。实证分析结果显示:尽管民营企业相对于国有企业具有更低的政策性扶贫参与效应,但如果地方政府高度贯彻中央的政策性扶贫的国家战略,民营企业积极参与国家政策性扶贫的动机就会显著增强。具有政治关联以及获得政府补助会使民营企业在响应地方政府扶贫信号时的政策性扶贫参与动机更加明显(薛婧琛,2022)。

基于管理层注意力视角,以2016—2020年A股民营企业为样本,探究阻碍民营企业参与扶贫的因素。当民营企业管理层短视时,尽管企业绩效高于预期,且削减了研发和营销支出,运营资源充足,但民营企业精准扶贫的参与程度仍较低。根据注意力基础观的注意力结构分布和情境注意力原则,分别引入内部冗余资源和外部负面报道作为边界条件,分析它们对管理层短视与精准扶贫参与度之间负向关系的削弱作用,在实物资源视角外识别了抑制企业参与扶贫的主观原因,分析影响民营企业参与精准扶贫的异质性来源,为政府部门调动民营企业扶贫积极性提供政策参考(张恒源等,2023)。

2. 民营企业参与扶贫的经济后果研究

利用民营企业样本,以2016—2018年A股上市公司披露的扶贫相关数据为样本进行检验。结果表明,民营企业扶贫的驱动力是获得政府补贴、减少融资约束、享受税收优惠。同时,民营企业扶贫行为能够提升企业的投资效率,进而促进了企业绩效增加。进一步从微观角度的截面异质性检验发现,具有政企关系的民营企业或者融资约束程度高的民营企业,实施扶贫活动更能提升其投资效率;从宏观角度的截面异质性检验发现,民营企业参加地方政府干预程度较低地区或市场化程度较低地区的扶贫活动,更能够提升投资效率(王帆等,2020)。

在回顾民营企业参与扶贫的经济后果、社会责任承担与债务融资成本、机构持股对社会责任承担和融资成本的影响等相关文献的基础上,运用信号传递理论、利益相关者理论和资源依赖理论,研究了民营债务融资成本与其参与扶贫程度之间的关联、作用机制及不同类型机构持股下的影响差异。以2016—2018年A股民营上市公司为样本,实证检验发现:民营企业积极参与精准扶贫,能够有效降低自身债务融资成本;不同机构持股类型中,只有压力抵制型机构持股能促进民营企业参与扶贫对债务融资成本的降低作用;相比于其他省份的民营企业,位于具有国家贫困县的省份的民营企业参与扶贫对债务融资成本的负向作用更显著。在此基础上,徐璐茜(2020)从提高民营企业参与扶贫积极性、加强机构投资者的监督治理作用、完善扶贫信息披露为债权人提供更有效的信息等方面提出相关政策建议。

以2016—2019年中国A股民营上市公司为研究样本,基于股价崩盘风险的视角探讨民营企业参与扶贫的资本市场溢出效应。实证研究发现:民营上市公司的扶贫行为能够显著降低其股票价格在资本市场的崩盘风险。进一步研究表明,民营企业参与扶贫活动能够通过增加媒体正向报道带来"声誉效应",并且披露扶贫活动信息能够提升企业的会计信息质量,在资本市场形成"信息效应",进而对股价崩盘风险具有间接的抑制作用。此外,民营企业参与慈善型扶贫能够显著提高其获得的政府补助额度,但政府补助的"资源效应"对其股价崩盘风险的抑制作用并不显著,并且社会责任的负面动机和"掩盖效应"在民营企业扶贫行为中不成立。因此提出相关政策建议:政府对于民营企业参与扶贫应进一步扩大扶持范围、加强扶持力度,从而带动企业参与扶贫的积极性,增强扶贫的正向溢出效应(杨国成等,2021)。

3. 民营企业参与扶贫的实施路径研究

民营企业是农村产业扶贫的重要载体之一,在脱贫攻坚的过程中成效明显,促进了贫困地区农村的发展。在分析贵州黔西县食用菌裂变式发展模式、恒大集团帮扶大方县模式、习水县"1+N"模式、特驱集团"141"精准扶贫模式、金沙县"富民贷"模式等实例的基础上,提出如下观点:民营企业参与扶贫应当进行科学有效的组织引导,进一步完善政策支持体系,积极引导多形式参与扶贫,争取构建开放式的农村产业扶贫新格局(申浩,2018)。

以唯品会在贵州省毕节市Z县开展的"非遗"公益扶贫项目为例,分析结果显示:通过建立"非遗"扶贫信息管理系统,搭建贫困户教育培训体系,建立扶贫协同拓展机制,打造扶贫特色小镇,形成多元化、立体化发展,推动"政府—企业—社会"等多元扶贫治理体系的构建。企业在挖掘市场需求,联动企业内外部资源,坚持企业优势、战略与扶贫属性相结合的基础上,促进Z县经济的可持续发展,实现了乡村经济社会的全面发展。张旭东(2019)提出以下完善民营企业参与乡村振兴路径的方式:凝聚社会力量参与,构建多元主体协同扶贫大格局,加强人才的引进和回流;增强扶贫攻坚治理能力,进一步激发帮扶对象内生动力;强化帮扶对象的主体地位和脱贫致富意识,发挥民营企业在扶贫中的拉动作用,推动扶贫技术创新。

民营企业可以采用嵌入式扶贫方法,即通过合作社构建各参与主体利益共同体,引入上下游企业,搭建嵌入式的产业链条,实现易地扶贫搬迁与产业项目的有机结合。这种扶贫方式所面临的困境包括:企业参与扶贫治理的可持续性还需改善、企业参与扶贫治理模式的可推广性还需加强、贫困人口参与脱贫的主动性还需引导、贫困人口参与脱贫的能力还需提升、企业扶贫政策激励措施还需补充、企业参与扶贫的相关监督协调机制还需完善(杨东,2020)。

贵州作为扶贫攻坚的主战场,要按时保质打赢脱贫攻坚战,需要在众多社会力量参与扶贫攻坚的基础上,巩固脱贫成果,探索衔接乡村振兴的实现路径。通过分析民营企业参与扶贫攻坚的实践优势、社会效益以及政策来源,许乾郎等(2021)肯定了民营企业在参与扶贫攻坚中的重要角色,同时通过对恒大集团、万达集团参与大方县、丹寨县扶贫具体实践的梳理,总结出了民营企业参与扶贫攻坚衔接乡村振兴的五条路径。

梳理上述研究成果可知,民营企业作为非公有制经济的主体,在政府倡导下主动参与精准扶贫攻坚战,尤其是选择去深度贫困地区"啃最难啃的硬骨头",用行动表征了同党中央一起战胜贫困的决心(陆继霞,2020)。《"万企帮万村"精准扶贫行动方案》引导民营企业踊跃参与精准扶贫,为其获得更多政府补贴、信贷资源与税收优惠创造了条件(贺新闻等,2020),同时更多的民营企业已经主动把帮扶乡村整合到公司战略中,积极地承担社会责任(Jamali D等,2009;Jorge M等,2016)。随着农村减贫战略由"扶贫"向"防贫"转化,民营企业将继续促进城乡协同发展和乡村振兴建设(李小云,2019),然而如何平衡民营企业发展与"反哺乡村"间的协同,则是接下来需要研究的重要课题(贺林波等,2019)。

二、乡村振兴

1. 乡村振兴的实现路径研究

乡村产业发展面临着农业发展水平较低,基本要素供给不足,产业相对单一,农业与二三产业融合度较低等现实困境。因此实现乡村产业振兴要以农业不断优化升级、三产深度融合为现实路径。相关管理机构应当积极通过提高农业生产质量、保障食品安全,优化农业结构、推进生态保护,突出地域特色、形成优势品牌等措施提升农业质量。并通过加强基础设施建设,推进乡村产业信息化,发展外向型农业经济等措施加强乡村产业振兴支撑。同时还要通过加快培育新型农业经营主体,挖掘新时代农业的社会功能,发展乡村新型态,打造乡村产业融合发展新模式,促进一二三产业深度融合(刘海洋,2018)。

低成本地获取高质量的生产要素是乡村产业振兴的基础,选择层级制或自主治理的治理结构能降低土地整治的交易成本,为乡村产业振兴提供载体。高质量的生产要素投入乡村产业后,有效组合与配置这些生产要素以提高产业经营效益是乡村产业振兴的关键,农业产业化联合体或许是较为合适的治理结构。通过农业产业化联合体,合理分配生产要素投入后产生的收益关系到乡村产业振兴的可持续性,兼顾公平与效率的收益分配方式才能降低生产要素提供者、提高生产要素质量的治理主体之间可能存在的冲突,使各主体持续合作(郭珍等,2019)。

创新是乡村产业振兴的驱动力量,而乡村产业振兴对创新提出了潜在的要求:内生地推进科技创新、技术进步以及制度创新,进而形成循环累积效应,推动产业振兴。当前创新驱动乡村产业振兴仍旧存在科技创新引领发展能力不强、科技创新与产业创新衔接不充分,以及创新驱动乡村产业振兴的体制不完善、载体不突出、政策不到位等问题,因此需要突出技术创新、产业化创新、制度创新、载体创新、政策创新,以创新驱动实现乡村产业振兴(完世伟,2019)。

实施乡村振兴战略是新时代做好"三农"工作的总抓手,乡村振兴的根本是产业兴旺,以现代农业产业园为代表的一二三产业融合是乡村产业振兴的有效载体和途径,有利于促进农民富、农业强、农村美。为探索乡村产业振兴的实施路径,在分析山东省益客现代农业产业园案例的基础上,总结出了"一产(种养循环模式)、二产(屠宰加工循环模式)、三产(服务平台协同模式)"融合发展的实施路径,并提出了推进乡村产业振兴实施路径的政策启示(张利庠等,2019)。

乡村产业振兴要"三位一体"构建乡村产业国内国际双循环发展新格局:通过多元化、特色化、绿色化、共享化、数字化和优质化推进乡村产业自身现代化;以要素配置市场化促进一二三产业和城乡产业融合发展,构建现代化产业体系;更好利用国际国内两个市场、两种资源,在满足国内消费需求,尤其保障国家粮食安全的基础上进一步融入全球产业体系。要充分发挥农民的主体作用,发展壮大农村集体经济,以共享发展促进共同富裕。同时应当正确把握乡村产业振兴战略取向,目标设置要多元化并兼顾长短期,相关项目选择要因地制宜并坚持生态优先和利农惠农优先,通过基础设施提质、创业支持、服务优化等积极营造良好的乡村产业振兴环境(安晓明,2020)。

新时期的乡村旅游形成了全域动员的推动模式,以覆盖乡村的全域旅游体系、公共资源的高密度投入、农民的深度卷入为基本特征。产业的合理配置能够产生积极的社会效应,但这依赖于产业与乡村社会的契合,并与农民建立合理利益关联机制。全域动员的推动模式,可能忽略了乡村社会与旅游产业的基本特征,既引发旅游产业的过密化困境,更将公共资源与农民过度卷入市场风险,对乡村振兴造成了多个方面的负面影响。据此提出相关建议:乡村产业振兴必须立足于乡村振兴战略的总体目标,实现产业发展规律与农民需求的有效结合,尊重不同乡村产业发展条件的差异,建立因地制宜的产业评估与规划体系,重视符合绝大部分农民利益的基础产业,真正保护农民的普遍利益(仇叶,2020)。

周立(2020)从农业多功能性的横向拓展程度和产业链的纵向协作紧密程度出发,构建了理论分析框架,将产业融合的样态分为四种:起始型、专业型、休闲型和理想型。他认为价值增值的路径有三条:注重发挥农业多功能性的"起始型—休闲型"横向路径,发展紧密纵向协作的"起始型—专业型"纵向路径,以及纵横兼顾的"起始型—理想型"路径,将其统称为"合纵连横"。基于多案例研究,提出了乡村产业价值增值的三大机制:积累优质资源,提升关键能力和改进组织管理,以期助力破解乡村振兴中的农村一二三产业融合的价值链提升困境,推动产业兴旺的实现。

黄思(2021)在社会资本视角下分析内生型乡村产业的社会基础、发展路径及综合效应。研究发现:乡村产业以农民家庭为主要经营主体。在产业发育阶段,农民通过动员社会关系进入产业,实现扩散经营,并且基于同乡互助,在专业市场内部达成保护型经营共识,避免恶性竞争,形塑出家庭经营—家族共营—同乡互助的关系型经济网络。内生型产业嵌入地方社会关系,农民的生产生活维持较高的一体化程度,对村庄生活有长远预期,有利于维持村庄共同体和社会秩序,但同时要注意产业发展可能面临的低水平困境。他在此基础上提出建议:内生型乡村产业发展应充分挖掘地方资源,产业振兴与社会效益相互促进,有助于实现乡村全面振兴。

赵培(2022)基于三个乡村产业发展从滞缓到初见成效的变迁历程,认为我国乡村产业振兴面临的主要难题是信息、技术、资金等生产要素短缺,基础设施发展不足,稳定契约关系难建立,区域产业趋同难破解。在新结构经济学"有效市场"和"有为政府"理论指导下,探讨了共同富裕目标下乡村产业发展机制,针对现实困境,提出协同发挥市场优势和政府力量,依托大数据平台激发产业发展潜力,加快补齐生产要素不足短板,以新基建夯实产业发展根基,并加快构建激励相容的利益联结机制,打造农业全产业链。

王轶等(2023)基于2021年中国革命老区的村庄调查数据,实证分析乡村产业振兴水平对农民共同富裕的影响及其作用机制,并考察按照乡村治理情况分组后这一影响的异质性。研究结果表明：乡村产业振兴提高了农民收入水平，但在乡村产业发展从无到有的起步阶段，乡村产业振兴对高收入群体的增收作用更强；乡村产业振兴水平与农民内部收入差距之间存在倒 U 形关系，体现了效率优先、兼顾公平的产业发展过程。异质性分析结果表明：在实行村两委"一肩挑"和产权制度改革的村庄，乡村产业振兴水平对农民收入和农民内部收入差距均有显著影响；在未实行村两委"一肩挑"和产权制度改革的村庄，乡村产业振兴水平对农民收入和农民内部收入差距的影响均不显著。机制分析结果表明，乡村产业振兴能够通过促进村级集体经济组织发展、建立村级集体经济组织与农户的利益联结机制来推动农民共同富裕的实现。

杨宝强等（2023）从制度、权力与文化角度分析乡村产业外包的实践基础，探讨乡村产业振兴从外包到内生驱动的内在逻辑。研究结果发现，外包执行中发包方与承接主体间的目标差异往往导致农民难致富，产业链外延使农民难享产业增值收益，项目异化使精英俘获了大量项目资源，而村庄权力固化则导致基层社会治理内卷。因此认为，需探索自主性治理，培养"农民 CEO"和"中坚农民"，制定"公费农科生"计划以构建能为农民利益服务的专业化团队和"人才蓄水池"，实现乡村产业振兴从外源驱动向内生驱动转变，推进乡村产业振兴的长效发展。

2. 乡村振兴的保障体系研究

张晓山（2019）利用经验分析的方法，从我国主要农产品的供需结构入手，着力分析了各类农产品当前面临的主要矛盾，得出以下结论。首先，减少无效供给，增加有效供给，解决主要农产品阶段性和局部性过剩是调整农业结构、推进供给侧结构性改革的工作重点。其次，农产品因最低收购价或临时收储价收购无法顺价出售，导致我国粮食库存总量创下历史新高，因此，调结构的关键是调整农产品的种植结构。再次，通过配套政策措施使农业生产经营者利益不受损或少受损，是今后农业供给侧结构性改革的重点和难点。最后，利用价格信号调整农产品种植结构的市场化导向的价格形成机制改革的方向是正确的，要继续推进。

乡村振兴战略是我国新时代解决"三农"问题的重大战略部署，乡村产业振兴是乡村振兴的基础和重中之重，财税政策在推动乡村产业发展上具有不可替代的作用。刘建民等（2020）对湖南省支持乡村产业振兴财税政策展开研究，立足湖南省乡村产业发展的实际，在对现有财税政策进行梳理的基础上，剖析了财税支持政策的不足,并围绕湖南乡村产业振兴的现实需要,从职能定位、政策统筹、精准施策及保障效率等方面提出构建财税支持政策体系的建议。

实现乡村产业振兴是"三区三州"(西藏自治区、四省藏区、新疆维吾尔自治区南疆四地州、四川省凉山彝族自治州、云南省怒江傈僳族自治州、甘肃省临夏回族自治州)打赢脱贫攻坚战、全面建成小康社会的必然要求。杨清丽等(2020)基于金融市场理论,从机构分业视角分析金融支持"三区三州"乡村产业振兴问题。从理论层面看,银行、证券、保险等金融主体在"三区三州"乡村产业发展中发挥了资金融通、资源集聚整合、服务转型升级、信息枢纽、风险管理等功能;从实践路径看,金融业通过加大信贷投放、拓宽直接融资渠道、创新发展农业保险、深化农业期货和保险联动等措施,较好地支持了"三区三州"乡村产业发展;从长远发展看,金融支持还面临着政策合力不足、产业体制不健全等制约因素,需要进一步加强部门间沟通协作、优化外部配套措施、创新金融服务产品模式。

助力乡村产业振兴,我国农村金融市场亟需引入合作金融为主要形式的社会资本,形成"政府—市场—社会"的三角框架,创新农村金融供给模式。张芳等(2020)利用2007—2017年31个省的面板数据,分析政策性金融供给、商业性金融供给和合作性金融供给对乡村产业经济增长的影响,发现这三种金融供给模式显著提升了乡村产业经济。其中政策性金融供给与乡村产业经济两者关系呈倒U形,政策性金融供给超过"拐点"会抑制乡村产业经济。而不同金融供给模式与农业保险对乡村产业经济的协同效应出现负向作用,这也表明两者协同合作有巨大空间。同时进一步分区域进行了异质性检验,发现中西部地区合作性金融和政策性金融供给模式对乡村产业经济增长作用尤为显著,而在东部地区,商业性金融供给作用显著。

厘清政企边界,明确政府角色定位和有效发挥企业功能,构建适合乡村产业开发的政企关系是迫切需要解决的问题。贺林波等(2021)基于不完全契约视角,以湖南省特色茶产业开发为例,分析了乡村产业开发过程中政企双方行动逻辑关系。研究结果发现,在乡村产业开发过程中,因产业政策或项目协议不完全性,生成大量剩余权利,剩余权利的不合理配置导致政企双方产生争议,影响合作关系和乡村产业开发效果。为构建适合乡村产业开发的政企关系,应当明确政企角色定位与功能、合理配置剩余权利、建立政企初始信任、完善法律解决争议机制。

刘赛红等(2021)利用我国2009—2019年省际面板数据,构建空间联立方程模型,实证分析了金融资源配置与乡村产业振兴的交互作用和空间溢出效应。实证研究结果表明:金融资源配置与乡村产业振兴之间具有双向促进效应,两者均存在显著的空间溢出效应并对邻近地区产生差异化影响,二者空间交互溢出效应的大小和方向具有时空异质性。因此,应调整金融资源配置、推动金融资源配置与乡村产业振兴均衡发展以及强化两者的互促机制,形成区域间合力。

为充分发挥金融对乡村产业振兴的正向溢出效应,刘赛红等(2022)从关联网络、空间辐射、产业中介三个维度对金融溢出效应的形成机理展开剖析。基于宏观公开数据与微观调研数据,分析乡村产业振兴的金融溢出效应的现实表征。针对农村金融溢出效应发挥不完全的现状,提出了优化金融服务供给层次、推动金融数智化转型、挖掘地区资源禀赋优势、促进资源跨区域流动等对策建议,为金融服务乡村产业振兴提供行之有效的政策与决策制定参考。

乡村振兴关乎国计民生,产业振兴是乡村振兴的重中之重。高质量发展乡村产业经济,需要充分发挥税收政策在其中的引导和促进作用。近年来,我国出台的税收政策措施对乡村产业振兴起到了较好的推动作用,但对照乡村振兴战略规划发展目标,仍存在不足。欧阳秀兰等(2022)从制定专项税收政策、发挥税收引导乡村绿色产业发展的作用、通过银税协作拓展涉农企业融资渠道、提升税收政策的宣传和落实效果等角度,提出了综合施策建议,以期更好助力乡村产业振兴。

金融科技是金融服务与底层技术的双向创新,以其在普惠金融、小微金融方面的独特优势破解传统农村金融服务供给中触达难、风控难、盈利难等痛点,推动金融组织方式、服务模式、产品体系等不断创新,以满足乡村产业发展多元主体、融合业态、数智应用的新型金融服务需求。根据核心技术、主要业务和组织形态,当前金融科技支持乡村产业发展的主要模式有传统金融机构"线上+线下"基础金融服务模式、综合平台服务模式、数字供应链金融模式。孙晓等(2022)提出相关启示:在金融科技全面赋能乡村产业振兴的过程中应平衡创新发展与风险管控、数据价值开发与数据安全治理、农村金融生态构建与场景嵌入等各方关系,从而构建起"金融为民、科技向善"的高质量农村金融服务体系。

实施乡村振兴战略,由示范走上全域,必须改变扶贫时代由外生力量推动的主导模式,通过开发特色产业,增强农村内生发展动力。激活乡村振兴的内生动力,走特色产业发展的乡村振兴之路,形成发挥本地资源优势的乡村振兴模式是关键。从资源禀赋看,与发展农村产业相关的资源可分为四大类:自然资源、文化资源、经济基础、主体资源。根据湖南实际,与农村地区资源禀赋相耦合的乡村振兴产业模式主要包括五类:休闲旅游型、农旅融合型、特色农业型、文化传承型、综合治理型。根据市场投资动力的大小,将这些产业振兴模式对应的主体资源耦合模式区分为市场型、市场+政府型、市场+政府+乡贤型、政府+乡贤+社会帮扶型。曾广录等(2022)建议各地区应根据本地资源特点及经济实力选择适合自己的发展模式。

陈桂生等(2023)以我国27个省为研究对象,运用模糊集定性比较分析方法,从组态效应分析入手,探究金融、供应、农机、科技、销售、信息等6类生产性服务赋能乡村产业振兴的组态构型及作用方式。研究结果表明:生产性服务业无法通过单项服务达到赋能乡村产业振兴目的,而是以组态形式发挥作用;农机、科技和信息服务是赋能乡村产业振兴的核心条件,在不同组态路径中起到主导作用;生产性服务业赋能乡村产业振兴的路径可归结为科技+信息主导型、农机+科技+信息主导型、科技主导型、农机+信息主导型。

推动城乡融合发展和乡村产业振兴是新时期党和国家的重要部署,是打造新型城乡关系、优先发展农业农村应有的题中之义。以城乡融合发展赋能推动乡村产业振兴聚焦"实现人民对美好生活的向往"的价值追求,遵循"乡村产业兴旺"的目标导向,回应"城乡融合发展"的实践探索。范建刚(2023)因此提出如下政策启示:以城乡空间融合、要素融合、产业融合、市场融合和公共服务融合为抓手,以乡村产业振兴政策的协作优化机制、乡村产业振兴资本的多方投入机制、乡村产业振兴人才的入乡激励机制、乡村产业振兴技术的开放共享机制、乡村产业发展风险的协同防范机制为保障,以"五融合五保障"全方位、全过程、全领域推动实现乡村产业振兴。

3. 数字经济背景下乡村振兴问题研究

田野等(2022)基于2010—2020年中国30个省份农业农村发展数据,采用熵值法评测乡村数字经济和乡村产业振兴发展水平以及城乡融合发展综合指数,分析数字经济对乡村产业振兴的影响,同时引入城乡融合发展中介效应模型,验证以"数字经济发展水平—城乡融合发展—乡村产业振兴"为关联的传导路径。结果表明:第一,数字经济形成数字赋能,通过城乡技术、资源、市场流通,从而推动乡村资源优化配置,加强城乡市场有效对接,促进乡村产业融合,推动乡村产业发展。第二,通过基准回归检验得出,数字经济的发展能够促进乡村产业振兴,且城乡融合发展在二者关系中存在中介效应。第三,数字经济对乡村产业振兴的驱动作用效果根据农业劳动力规模的不同存在异质性,数字经济对农业从业人数少的地区乡村产业起到促进作用,且城乡融合发展的中介效应也仅在从业人数少的地区显著。

产业振兴是乡村全面振兴的基础,新发展阶段促进乡村产业振兴势必要寻求新动能。数字经济在乡村产业专业化、融合化、信息化、集约化、绿色化发展中发挥着关键性作用,能从效率提升、产业变革和结构优化等方面赋能乡村产业振兴。当前,我国数字经济在促进乡村产业振兴方面存在着数字化转型能力不强、要素协同运转不通畅、数字基础设施不完善、数据共享机制不健全以及产业衔接不充分等制约。因此,需要突出问题导向,聚焦乡村产业数字化,提升乡村产业要素协同度和乡村新型数字基础设施建设水平,健全乡村数据分享机制,推动数字经济与乡村产业有效衔接,进而有效促进乡村产业振兴(完世伟等,2022)。

全面推进乡村振兴的关键基础在于乡村产业振兴,新时期国家实施的数字乡村建设行动为乡村产业振兴提供了重要契机。杨江华等(2022)基于陕西省宜君县的经验案例研究,探讨了数字乡村建设激活乡村产业振兴的实践路径机制。研究结果发现:借助数字技术下乡,以数字物流新基建重构城乡空间关系、加速城乡要素流通,是乡村产业发展的必要硬件基础;将数字技术的赋能优势与当地产业发展的比较优势相结合,在延展农业产业链中有效促进农村一二三产业融合;引进培育乡村数字新产业新业态,推动乡村产业多元化、综合化发展,帮助农民实现生计模式的创新转换;积极吸引和培育乡村数字新农人,提升乡村人力资本和扩充乡村人才资源,让农民成为乡村产业兴旺的发展主体和受益主体,形成推动乡村全面振兴的内生动力。

郭朝先等(2023)将数字经济促进乡村产业振兴的机理概括为:拓展农村产业生产可能性边界,增加产品(服务)供给;缓解信息不对称,提高产品(服务)质量和安全水平;节约生产成本和交易成本,降低产品(服务)价格;稳定生产预期和畅通销售渠道,优化乡村产业发展环境;催生新产业新业态新模式,扩展乡村产业生态系统。数字经济促进乡村产业振兴主要通过两条路径来实现：一是"农业+"，这是基于农村主体产业即农业为出发点，经过数字经济对农业产前、产中、产后"赋能"，农业生产发生质的飞跃，农业的质量和效益进一步提高；二是"数字+"，这是以数字经济为出发点，通过数字经济广泛作用于乡村产业，从"纵向"延伸农业产业链，从"横向"推动农业与旅游、文化、教育、康养、环保等产业融合，并催生乡村新产业、新业态、新模式，推动乡村产业转型发展，实现产业融合和城乡融合，促进农村经济社会高质量发展。他们还分析了当前数字经济促进乡村产业振兴存在的问题与障碍，并提出对策建议。

梳理上述研究成果可知，落实乡村振兴战略首先要实现资金、人才、技术等要素向"三农"倾斜（罗必良，黄祖辉，黄延信等，2020）；应当切实发挥乡村振兴试点村的引领作用，完善乡村基础设施建设（张芳，康芸芸，2020），夯实乡村振兴发展基础（凌经球，2019；程明等，2020）。乡村振兴背景下，制度化建设、发挥市场机制作用、激发贫困人口及贫困社区内生动力、推进与乡村振兴统筹衔接等方式能帮助解决2020年后农村相对贫困治理难题（左停，苏武峥，2020；安晓明，2020）。企业可通过关系投资方式，推动农村产业、资本、人才和市场的发育和成长，进而推进乡村振兴（李先军，2019；李清明，2020）。

三、巩固脱贫攻坚成果与乡村振兴衔接

1. 脱贫攻坚与乡村振兴衔接的战略逻辑研究

从脱贫攻坚的伟大胜利到全面开启乡村振兴，政府的宏观计划调节与市场的微观自由调节相结合，实现了从县域到村域的公共产品供给与资源配置效率的双提升，服务于国家整体现代化目标和中国特色社会主义乡村振兴道路建设，农业农村现代化之路呈现多层次、动态、非均衡结合的态势：城乡要素流动仍然偏向城市呈非均衡态势，需要逆城市化流动来补足乡村发展的短板；新型工业化、城镇化的虹吸效应，带动乡村地区产业多样化发展，市场机制的自主调节呈现动态化；从县域到村域的特色化产业发展引领国家力量、社会力量、行业力量多层次结合，推动乡村地区经济的提质增效（王俊等，2021）。

在消除绝对贫困后，脱贫攻坚和乡村振兴战略之间的耦合成为三农（农村、农业和农民）学界关注的重要内容。脱贫攻坚和乡村振兴之间的战略耦合表明了两

者之间的逻辑连贯、功能耦合以及彼此之间的递进接续。脱贫攻坚与乡村振兴之间的战略耦合可以采取角色理论作为分析工具。两者之间战略耦合的角色主体分别是国家、政府、乡村,三者通过政治逻辑、行政逻辑和治理逻辑实现彼此之间的互动关系。价值转变、组织变革、规则重组是推进脱贫攻坚和乡村振兴战略耦合的路径选择(卫志民等,2021)。

颜德如等(2021)通过"理念—体制—主体"的理论分析框架,发现脱贫攻坚与乡村振兴呈现出理念互融、体制互通、主体一致的逻辑关系。进入"后扶贫时代",脱贫攻坚与乡村振兴有效衔接的关键在于建立一套具有动态性、有机性、可调整性的长效机制,着重从如下三条路径来展开:坚持"回归乡村"的理念目标,着力解决绝对贫困与相对贫困的有机衔接问题;在体制机制上,以"回归现代化"为指向,做好二者衔接贯通的相关政策统筹和衔接工作;在参与主体上,以"回归农民"为主旨,协调处理好政府、市场、社会之间的关系,实现行政资源"输血"与市场、社会资源"造血"的有机衔接。

加强对现有扶贫资产的运营管理,推动乡村振兴赋能脱贫攻坚资产,提升扶贫资产的利用效率将对实现巩固拓展脱贫攻坚成果同乡村振兴有效衔接发挥至关重要的作用。脱贫攻坚资产面临着经营风险加剧、村集体经济发展滞后、易地扶贫搬迁安置区缺乏后续支撑、文旅生态类资产项目经营收益低等问题。有效衔接时期乡村振兴对脱贫攻坚资产的赋能路径是:对于经营性扶贫资产重点增补运行困难企业产业链环节,增加新型集体经营层级;对于公益性扶贫资产集中补齐易地扶贫搬迁安置区短板、增加文旅生态类项目市场化功能(白永秀等,2022)。

从脱贫攻坚到乡村振兴,需要传承贫困治理的宝贵经验,推进乡村治理的衔接与转变。脱贫攻坚时期积累的贫困治理经验包括:突出精准治理,密切了党群干群关系;促进"社会参与",共建多元的贫困治理格局;巧用"科技"构筑扶贫大数据,提升贫困治理效能;建立了简约高效的组织领导体系,强化了组织与政治保障。乡村治理要夯实治理共同体、增强基层治理活力,从贫困型治理向发展型治理转变,从技术治理向价值治理转变,从总体性治理向服务型治理转变等路径应对挑战,从而实现衔接转变,全面推进乡村振兴,扎实推进乡村共同富裕(蒋国河等,2022)。

按照"产业兴旺、生态宜居、乡风文明、治理有效、生活富裕"总要求,通过产业扶贫、智力扶贫、文化扶贫、生态扶贫等方式实现的精准脱贫与产业、人才、文化、生态、组织等"五大振兴"高度契合。"三农"创业通过发挥农民主体作用、打造农村创业载体、培育农业关联产业来缓解乡村凋敝与空心化,为巩固脱贫攻坚成果、促进乡村均衡发展、不断拓展乡村振兴新路径发挥了重要的支撑作用(彭华涛等,2022)。

徐亚东等(2023)基于路径构造理论和资源配置视角,从学理上阐释了巩固拓展脱贫攻坚成果同乡村振兴有效衔接问题,得出以下结论:第一,巩固拓展脱贫攻坚成果同乡村振兴有效衔接的本质是资源配置的动力由"行政为主"向"市场为主"转型。第二,无论是"有效市场",还是"有为政府",都不可能绕开"有能集体"实现中国农村经济发展。第三,基于路径构造理论,巩固拓展脱贫攻坚成果同乡村振兴有效衔接的关键任务是培育"有能集体",以及通过生态资本化和文化资本化实现路径突破。第四,路径创造和路径设计是较为符合当前实际情况的路径突破方式。

从现阶段农村发展来看,不仅精准扶贫需要激发贫困农户和贫困地区的内生动力,全面实施乡村振兴战略更要坚持激发农民的内生动力。精准扶贫通过能力建设、环境改善和有针对性的帮扶,积累了提升内生动力的经验,这些经验在乡村振兴中具有重要借鉴作用。乡村振兴是中国式现代化道路的一部分,人的现代化是其重要因素,内生动力的提升即是人的现代化的过程。从超常规的精准扶贫过渡到常规的乡村振兴,需要完善乡村振兴的市场机制,提升乡村居民的能力和主体性,发挥资源优势,在多元的乡村振兴格局下,增强乡村的内生发展动力(王晓毅等,2023)。

2. 脱贫攻坚与乡村振兴衔接的实施路径研究

脱贫攻坚与乡村振兴是新时代的重大战略部署,二者在理论逻辑上具有内在统一性,在历史逻辑上具有前后相继性,在实践逻辑上具有协同耦合性。当前,必须统筹谋划,做好脱贫攻坚与乡村振兴的综合衔接:坚持人民立场,发展思想上无缝衔接;构建产业体系,发展产业上无缝衔接;培育人才队伍,发展动力上无缝衔接;抓好基层党建,乡村治理上无缝衔接;完善政策体系,机制保障上无缝衔接(姜正君,2020)。

从治理的视角探析了欠发达地区巩固拓展脱贫攻坚成果同乡村振兴衔接的

逻辑,认为欠发达地区在巩固拓展脱贫攻坚成果同乡村振兴的衔接中,在治理模式上由探索性的运动式治理向制度性的常态化治理转型;在治理主体上由政府主导向政府、市场、社会共同参与的多元主体治理过渡;在治理对象上由贫困治理向乡村社会综合治理全面转型;在治理重心上实现从上到下的转移;在治理方式上需要实现梯度化的推进。在此基础上,提出了欠发达地区推进巩固拓展脱贫攻坚成果同乡村振兴有效衔接的政策优化路径(李博等,2021)。

脱贫攻坚与乡村振兴两大战略的有效衔接,是解决发展不平衡不充分问题的客观需要,是加快构建新发展格局的需要,是全面建设社会主义现代化国家和实现全体人民共同富裕的需要。脱贫攻坚是全面实施乡村振兴战略的优先任务,乡村振兴是巩固和深化脱贫攻坚成果的最佳手段,二者作为新时代解决"三农"问题的两个方面,相辅相成,有机统一。立足于新发展阶段"三农"问题的解决,亟须从体制机制、政策体系、产业发展、乡村建设、人才队伍等方面做好有效衔接,推进乡村全面振兴(张晖,2021)。

实现巩固拓展脱贫攻坚成果同乡村振兴有效衔接本质上是通过缩小乡村内部分化水平,在转型统筹与良性互馈机制下,提升乡村居民发展能力与村庄发展禀赋的过程。脱贫攻坚解决乡村振兴的前端问题与底线短板,乡村振兴是对乡村地域整体功能的全方位诊断与优化,为乡村贫困问题的解决提供全方案。实现二者有效衔接需要从发展目标、发展主体、发展机制与实现路径上实现多维立体衔接,实现路径中政策供给是根本,要素供给是重点,动力供给是关键。不同类型地域与村庄需要选取差异化发展模式与路径(李宁慧等,2022)。

脱贫攻坚与乡村振兴有效衔接的机制构建包括从顶层到基层的全方位巩固机制、贫困与非贫困统筹的全领域拓展机制以及从防贫到振兴的全过程接续机制。脱贫攻坚与乡村振兴有效衔接的政策体系安排则需要充分回应衔接政策体系设计、政策执行保障和政策调适创新的问题,只有建立基础性和差异性相统一的衔接政策体系、构筑内部风险防范和外部资源供给协同化的政策保障以及依托政策分类调适平抑衔接政策波动才能真正实现二者衔接的灵活性、顺畅性和稳定性(张明皓等,2021)。

在乡村振兴和脱贫攻坚两大战略背景下,科学构建巩固拓展脱贫攻坚成果同乡村振兴有效衔接的评估体系非常必要,应当积极综合考察巩固拓展产业扶贫同产业兴旺衔接、巩固拓展绿色减贫同生态宜居衔接、巩固拓展文化扶贫同乡风文明衔接、巩固拓展基层治理同治理有效衔接、巩固拓展"两不愁三保障"同生活富裕衔接等方面的内容,探索贫困治理和乡村振兴衔接的可行性和有效性,助力我国农村地区持续发展和全面振兴(张琦,2021)。

实现巩固拓展脱贫攻坚成果同乡村振兴有效衔接是实现共同富裕的重要抓手,具有重大而深远的意义。两者的有效衔接在内容上应当符合农村社会高质量发展的内在要求;符合我国贫困治理战略转型的现实要求;符合满足人民日益增长的美好生活需要的根本要求;符合党中央和国务院《关于实现巩固拓展脱贫攻坚成果同乡村振兴有效衔接的意见》的精神,在实践中创新衔接方式、方法、模式(张润泽等,2021)。

乡村振兴是继脱贫攻坚后推进农业农村现代化的重要战略,构建脱贫攻坚与乡村振兴的衔接机制至关重要。农村脱贫和发展的关键在于农民自我发展能力的形成,即个体农民可行能力的培育既是消除贫困的根本,也是乡村振兴的关键,还是脱贫攻坚与乡村振兴有效衔接的关节点。可行能力是个体能够主动、持续地开发并有效利用各类资源的基础,其内容和构成可依据具体情境的不同进行建构。因此我国农村的脱贫攻坚实践应当依凭多维度组合的帮扶举措,从多维度提升农民的可行能力,进而为衔接乡村振兴战略孕育良好的基础和条件(赵普兵等,2022)。

在乡村治理实践中,实现巩固拓展脱贫攻坚成果同乡村振兴衔接的"有效",需要进一步完善"自上而下"的推进机制,畅通"自下而上"的反馈渠道,双向合力实现治理路径"有效";需要科学统筹"统一行动",充分激励"先行带动",双管齐下实现治理行为"有效";需要持续强化"正向累进"效应,积极发挥"负向改进"作用,双重递增实现治理功效"有效";同时要善于将脱贫攻坚的"有效"经验和模式经过改进升级后应用于乡村振兴实践中,积极妥善地应对各种突发负面冲击,顺利实现从脱贫攻坚到乡村振兴的"进阶演进"(陈智,2022)。

脱贫攻坚与乡村振兴既在理论逻辑、历史逻辑和实践逻辑上具有高度耦合性。针对当前二者衔接存在整体落地不够、乡村产业发育水平低、农村空心化现象严重、振兴主体培育难度大以及社会参与机制不健全等实践困境,应当积极围绕组织领导、统筹协调、产业发展、社会动员和监督考核五个方面完善机制构建,通过积极培育人才队伍、狠抓基层党建、优化资源要素配置、防范扶贫领域风险、构建相对贫困识别机制以及吸收借鉴国际扶贫经验,在巩固脱贫攻坚成果的基础上深入推进乡村振兴,实现二者同频共振、统筹衔接(王俊等,2022)。

脱贫攻坚是全面推进乡村振兴的前提基础,乡村全面振兴是巩固脱贫成果的根本出路,农村经济社会的可持续发展需要脱贫攻坚与乡村振兴形成联动机制。浙江德清在脱贫攻坚与乡村振兴衔接中采取集成推进农村综合改革,大力发展特色优势产业,全面提升乡村善治水平,积极探索绿色发展道路提供了有益的经验和启示。现阶段应采取整合政策力量与深化农村改革、产业融合发展与农村集体经济、易地搬迁脱贫与城乡融合发展、智志双扶解困与基层治理体系、生态环境保护与人居环境改善、利益联结建构与提高农民收益等六个方面衔接的关键举措,为推进乡村全面振兴给出了良好范例(王军,2022)。

邓永超等(2023)基于整体性治理理论,进行理论推演提出如下观点:乡村振兴与脱贫攻坚整体性衔接可从纵向、横向及内外力量入手,实现体制、功能及主体衔接。具体来说,通过多级整合纵向深化,实现体制衔接;通过多方协同横向拓展,实现功能衔接;通过乡村内生力量和外部帮扶力量融合,实现主体衔接。

杨浩(2023)从巩固和拓展维度设计衔接质量、效率测算指标体系,实证分析结果发现:在衔接质量方面,衔接质量较好县和衔接良好县占比38%,还有较大提升空间,且衔接质量的薄弱点在于产业和人才层面。从技术效率看,规模较优的县未出现明显冗余,规模不优的县则冗余明显,部分县存在"两头失效"的情况,一头是现有规模不足,需增加投入,另一头则出现了明显冗余,需提高投入利用率,这说明可能存在资源投放供需匹配问题。此外,衔接质量较高的县,效率整体都偏高。梯次推进、补齐短板,促进高质量衔接;盘活资源、调节规模,促进高效率衔接是可行的优化路径。

3. 脱贫攻坚与乡村振兴衔接的支持体系研究

扎实推动巩固拓展脱贫攻坚成果同乡村振兴的有效衔接是接续推进脱贫地区发展的必然要求。实现全体人民共同富裕、提高脱贫成效的持续性、充分利用脱贫攻坚战的成果,是实现两者有效衔接的内在逻辑。因此应当积极依靠农业现代化、深化农村改革、保护生态环境、完善基础设施,进一步发展脱贫地区生产力,提升两者有效衔接的物质基础。同时通过稳定完善帮扶政策、建立健全机制、健全工作体系、优化整合帮扶队伍,巩固两者有效衔接的基础体系(蒋永穆等,2021)。

在政策衔接过程中,由于脱贫攻坚与乡村振兴发展目标与定位的不同,二者的衔接呈现出多重差异,既有制度衔接本身的差异,亦有因为定位不同而造成的差异;同时当前衔接过程缺乏对"有效性"的指标量化,致使难以准确度量和表达有效衔接的程度。通过弥合位差、提升效度构建出包括宏观制定包容性公共政策、中观提升产业与劳动力市场益贫性和微观建设主体的能力的三维框架,着力细化了面向社会大众普惠性的基本公共服务政策、优化面向脆弱群体特惠性的兜底性保护政策、深化以效率为导向兼顾公平的社会市场政策(左停等,2021)。

乡村振兴离不开精神指引,脱贫攻坚精神已成为凝聚乡村发展共识、激励干部担当作为和推进共同富裕的思想养料。当前,全面实现乡村振兴的过程中存在着政治站位不高、创新意识不强、服务意识不够等精神"缺位",因此需要我们在乡村振兴实践中将脱贫攻坚精神内化为检验干部队伍的思想标尺、创新工作方法的精神支撑和提升服务效能的价值向度(王馨誉等,2023)。

白永秀等(2022)通过从政策变化、提法变化、新增政策、沿用政策四个维度,分别梳理了包括产业、人才、文化、生态、组织、集体经济、基础设施和公共服务、易地搬迁、帮扶模式、金融信贷在内的十大领域的政策在脱贫攻坚和有效衔接两个阶段的演进内容,总结提炼出了这些政策的演进促进了从脱贫攻坚到乡村振兴发展中的"两个转向"和"四个转变"。分析了政策演进的内在逻辑,即"一条主线三个依据","一条主线"是指从脱贫攻坚到有效衔接再到乡村振兴政策的演进过程始终围绕共同富裕的主线不断深化;"三个依据"是政策的连续性、乡村振兴的现状及国外乡村振兴政策。巩固拓展脱贫攻坚成果同乡村振兴有效衔接。

程国强等(2022)在分析研判巩固拓展脱贫攻坚成果面临的基本形势及主要挑战的基础上,提出了巩固拓展脱贫攻坚成果同乡村振兴有效衔接的基本思路、战略重点与关键路径,同时强调要增强脱贫地区和脱贫群众内生发展动力,构建巩固拓展脱贫攻坚成果的长效机制,加强综合保障和配套措施的支撑,以期在巩固拓展脱贫攻坚成果的基础上,接续推进脱贫地区发展、群众生活改善和乡村全面振兴。

在大数据智能化的时代,数字普惠金融的发展可以为农村金融和农村经济发展提供新平台。但我国农村地区数字普惠金融的发展仍然面临着技术支持、风险监管、受众群体金融素养和数据信息共享等多重挑战。为使数字普惠金融能够更好地适应、满足乡村振兴对农村金融新的需求变化,因此需要进一步通过强化数字网络基础设施建设、完善风险监管模式、提升消费者金融素养、促进农业数据共享等措施助推数字普惠金融发展,使其更有效地为巩固拓展脱贫攻坚成果同乡村振兴有效衔接赋能(辛立秋等,2022)。

脱贫攻坚与乡村振兴的衔接带有总体性,因此衔接的基础性条件尤其是社会基础显得格外重要。作为人类文明起源发展过程中社会性积淀最为厚重的乡村空间,其社会基础的构成非常复杂,主要包括政社联结性基础、关系性基础、村落共同体基础等。从宏观结构上看,乡村是否建立起顺畅的政社联结机制,从中观层面上看,村落是否具有社会关系基础,村落是否具有共同体的特质;从微观结构上看,村民是否具有较强的参与意识,是否具有持久的脱贫发展主动性,以上就成为脱贫攻坚与乡村振兴有效衔接社会基础构建的关键(田毅鹏,2022)。

过去十年我国完成了脱贫攻坚、全面建成小康社会的历史任务,政策性金融在脱贫攻坚时期发挥了重大基础性作用,实现脱贫地区全面乡村振兴需要其持续发挥作用。我国政策性金融自身可持续性发展方面存在不足,政策性"存量"贷款大多纳入地方财政预算,地方融资平台转型缓慢,可能影响支持乡村振兴的"增量"投入,脱贫地区产业基础薄弱也不利于政策性金融支持。促进政策性金融支持脱贫地区全面乡村振兴,因此要顺应国家政策变化,加强政策性金融"存量"贷款管理,在创新中强化政策性金融对乡村振兴的"增量"支持,扩展政策性金融支持乡村振兴的低成本资金来源,加强"政银"在全面乡村振兴方面的沟通合作(周孟亮等,2023)。

梳理上述研究成果可知,精准扶贫是乡村振兴的关键和基本前提(陈弘等,2018),乡村振兴是精准扶贫的深化和保障(李小云,2015;郭远智,2019)。精准脱贫与乡村振兴战略目前的衔接程度不高(王志章等,2020),多维贫困视角下的精准脱贫效果有待强化(毕明岩,2020),其解决方式就是构建长效机制,其本质就是系统化的制度创新(陆益龙,2018)。依托"反贫困创新"理论分析框架,可以构建二者协同联动的运行机制(张敏敏,傅新红,2019;姜正君,2020;郑瑞强,郭如良,2021),关联协同的多维行动框架(郑瑞强,2018;谭九生等,2021)以及多主体激励相容的参与及利益分配机制(朱海波,聂凤英,2020)。

第三节 简要评述

目前学者们认为民营企业能运用其经营技巧、专业技术、资金储备等资源帮助实现乡村全面振兴,同时提升自身形象与获取优惠政策。然而如何构建民营企业参与乡村振兴长效机制的研究还较为欠缺,主要有以下三个关键问题急需我们深入研究:①明晰民营企业参与乡村振兴长效机制的体系构成;②探索民营企业参与乡村振兴长效机制的激励机制;③提炼民营企业参与乡村振兴长效机制的靶向匹配机制与价值共创途径。

本书承袭之前学者们的研究脉络,并在此基础上整合目前尚显零散的研究思绪:首先专注于"民营企业"这一参与乡村振兴的中坚力量,是在研究对象上的聚焦;其次通过审视民营企业精准扶贫行为来探索其参与乡村振兴的路径,是在研究框架上的细化;再次以多元主体价值共创为视角解析民营企业参与乡村振兴长效机制的培育方式,是在研究设计上的深入。因此本研究能实现在同类项目成果坚实支撑上的新进展。

第三章 民营企业参与乡村振兴长效机制
——精准扶贫驱动机制视角

第一节 引　　言

随着脱贫攻坚战的全面胜利,"三农"工作重心转向了全面推进乡村振兴。党的十九届五中全会审议通过的《中共中央关于制定国民经济和社会发展第十四个五年规划和二〇三五年远景目标的建议》中强调"实现巩固拓展脱贫攻坚成果同乡村振兴有效衔接"和"坚持和完善社会力量参与帮扶"。因此,未来乡村振兴战略目标的完成需要巩固拓展脱贫攻坚成果(特别是需要保持精准扶贫的功效)、完善社会力量(尤其是民营企业)参与帮扶。从"万企帮万村"精准扶贫可以看出,民营企业在政府扶贫战略指导下积极参与了精准扶贫工作,也因其在脱贫攻坚战中的良好表现而被学术界普遍认为能成为乡村振兴战略的重要参与者。综上所述,探讨如何构建民营企业参与乡村振兴的长效机制势在必行。

梳理2016—2019年民营上市公司年度报告发现,有49.81%的民营企业从未参与过精准扶贫,连续四年都参与精准扶贫工作的民营企业仅5.41%。所有参与精准扶贫民营企业中,精准扶贫资金投入(包括现金投入＋物资折款)占总营业收入的比例仅0.1967%,其中有74.31%的民营企业精准扶贫资金投入(包括现金投入＋物资折款)占总营业收入的比例低于0.1%。这也提示我们应当继续加强对民营企业参与精准扶贫驱动因素的研究,如此才能有效激励民营企业积极和持续地参与乡村振兴。

结合目前学者们的主流观点来看,概括企业在精准扶贫方面的成功经验有助于推进乡村振兴理论体系的构建,同时还能为企业科学制订参与乡村振兴的举措提供参考。目前有部分学者已经开始探讨企业参与扶贫的驱动因素,代表性观点主要有:董事长和总经理二职合一的企业更主动参与精准扶贫,且当领导者年龄较大时,这种效应更显著;市场感知水平能够促进企业投入更多资源到精准扶贫项目方面。聚焦于民营企业样本的研究还较少,主要观点有:民营企业参加市场化程度较低地区的扶贫活动,能够提升投资效率;有政治关联的民营企业更积极扶贫,且政治关联程度越大扶贫越积极。

经过文献梳理,认为目前有关民营企业参与扶贫驱动机制的研究可能忽略了两个方面:第一,参与扶贫这一行为要么简单界定为"是或否,以0—1变量测度",要么另外导入"扶贫水平,以扶贫金额对数值测度",其实这里可能忽略了,相对不同规模大小的企业而言,扶贫金额只是一个绝对数值,难以体现企业参与扶贫投入资源的相对高低,因而也难以衡量企业决策者参与扶贫工作的决心。第二,虽然有一些关于区域制度环境对民营企业参与扶贫影响的研究,但基本都是将扶贫作为一个同质化的行为进行分析,这就忽略了区域制度环境对"是否参与扶贫"以及"扶贫投入水平"的影响机制可能不同。同时我们还发现目前成果可能忽略了媒体关注在民营企业内部因素与参与扶贫行为之间所可能存在的调节效应。

另一方面,以2016—2019年民营上市公司年度报告为基础数据,以省域为分组因素,将各省域范围内民营企业参与精准扶贫的比例(以下简称:扶贫参与比例)、各民营企业精准扶贫投入占总营业收入比例的均值(以下简称:扶贫投入强度)两个指标进行了对比分析,结果发现这两个指标在趋势上出现了近似的反向变化趋势(如图3-1所示)。这一有意思的现象也尚未得到理论方面的解释,这一现象同时也提示我们所设计激励民营企业参与乡村振兴的政策体系也要具备一定的"地域精准特征"。

综上所述,首先秉承目前学术界的主流观点,认为民营企业是否参与精准扶贫及乡村振兴属于战略层面的决策,其最直接的驱动力量即为企业高管团队,并囿于数据收集的局限,同时参考任长秋等(2020)和易玄等(2020)的研究成果,将民营企业参与精准扶贫的驱动因素解析为高管的政治关联状况、年长高管的比例两个方面。

其次将民营企业参与精准扶贫行为解析为两个维度:扶贫参与意愿(是否参与了精准扶贫)、扶贫投入强度(精准扶贫投入(包括现金投入+物资折款)占总营

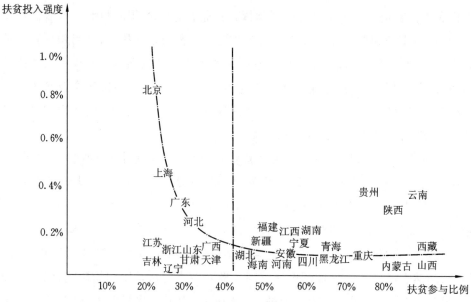

图 3-1　2016—2019 年各省域民营上市公司参与精准扶贫状况

业收入比例),并认为"扶贫投入强度"比现有指标更能观测民营企业参与乡村振兴的可能性。同时认为政治关联状况所导致的扶贫参与具有一定的政治寻租倾向,因而存在对外部环境的契合动机,更有可能提升扶贫参与意愿水平;而随着年龄增长,民营企业高管会趋于保守决策和规避风险而加大对社会责任的承担力度,并据此提升自己的个人声誉,更有可能提升扶贫投入强度。因此提出假设 1:高管政治关联和年长高管比例两个自变量对"扶贫参与意愿"和"扶贫投入强度"两个因变量的影响程度可能存在不同。

最后导入区域制度环境和媒体关注程度两个调节变量,参考洪佳莹(2018)、王帆等(2020)的观点,并结合图 3-1 所示现象,提出假设 2:区域制度环境在驱动因素对民营企业精准扶贫的影响中起到了调节作用,并且这种调节效应在"扶贫参与意愿"和"扶贫投入强度"中表现出了相反的方向。同时考虑到趋增的媒体关注可以促进企业进一步重视社会责任投入,企业的市场感知水平也会激励决策者注重精准扶贫的参与状况,提出假设 3:媒体关注程度能在民营企业内部因素与扶贫投入强度之间起正向调节作用。

下文将通过实证分析来验证上述假设,其中假设 1 和假设 3 能够尝试性地填补民营企业参与精准扶贫和乡村振兴的理论体系;而假设 2 则有望为图 3-1 所示不同省域内中民营企业的扶贫参与比例和扶贫投入强度所出现的反向变化趋势给出一个合理的解释。考虑到民营企业的扶贫投入强度较低,且在时间维度上的表现缺乏持续性和稳健性,本研究可以探索性地剖析民营企业参与扶贫的驱动因素和调节变量,从而有助于设计出更为合理的政策体系来激励更多的民营企业参与乡村振兴工作,同时通过探讨区域制度环境的影响,还能帮助我们针对不同地域状况设计更为"精准"的措施激励民营企业持续性地参与乡村振兴。

第二节 研究设计

一、样本选择与数据收集

本研究选择将2016—2019年民营上市公司作为研究样本。其原因在于:首先,从2016年开始沪深交易所要求上市公司在年报"重要事项"的"社会责任情况"中"履行精准扶贫社会责任情况"披露参与扶贫的工作内容,这样就可以获取民营企业参与精准扶贫及其内部状况的详细信息。其次,选择2016—2019年作为时间区间,能够最为有效地延长数据的横向时间跨度,涵盖时效性最新的实证样本。本研究最终得到1027个参与精准扶贫的民营企业样本,在2016—2019年时间区间内共获得2853个观测值。

实证样本来源于沪市、深市、中小板和创业板,原始数据源自CSMAR数据库。参与精准扶贫投入的数据从企业年报中手工收集获得,这样可以准确地解析精准扶贫的信息;同时在数据收集过程中,我们还通过企业社会责任报告、公司主页对参与扶贫行为新闻报道等途径对精准扶贫信息进行补充,以尽可能地扩大样本数量。本研究所指精准扶贫投入具体包括精准扶贫资金和物资折款数值,民营企业总营业收入的数据从企业年报"经营情况讨论及分析"部分获得。

高管政治关联的数据主要来源于Wind数据库,为了尽量减少遗漏,本研究以"人大代表"和"政协委员"及企业高管姓名为关键字利用百度检索,根据民营企业总部所在的省、市、县的"人大网"和"政协网"去搜索。年长高管比例相关信息来源于上市公司高管的个人背景介绍。有数据缺失的样本通过CCER数据库、同花顺数据库、中国企业社会责任网、新浪财经网站信息补充。为减轻异常值的影响,本研究还对所有连续变量进行了1%和99%百分位的winsorize处理。

二、变量与模型设定

1. 因变量

"扶贫参与意愿"采用0—1变量计量,定量分析过程中企业是否有参与扶贫意愿无法衡量,因此使用是否有实际的扶贫资源投入来测量"扶贫参与意愿",民营企业参与扶贫赋值为1,未参与扶贫赋值为0;"扶贫投入强度"使用"精准扶贫投入(包括现金投入+物资折款)占总营业收入比例"来衡量。

2. 自变量

借鉴学者们对企业家政治联系的度量上的方法,并结合本研究研究情境,将民营企业高管担任人大代表和政协委员的情况作为高管政治关联的计量方法,曾经或现在是人大代表(或政协委员),则赋值为:乡级1、县级2、市级3、省级4、国家级5,兼任两级的取最高级。根据相关统计资料,国内民营企业创始人多半出生于20世纪40—60年代,因此本研究用出生于1970年之前高管人数占高管团队总人数比例来测度年长高管比例。需要指出的是,本研究所指高管团队包括民营企业董事会、监事会和经理层成员。

3. 调节变量

本研究采用主流方法,使用市场化指数来衡量区域制度环境,并借鉴李新春等(2016)的处理方法,采用王小鲁等(2017)研究的市场化指数来代替2016—2019年的市场化指数,市场化指数越高则表明民营企业所在地区的制度环境越完善,正式制度发育越良好。对于媒体关注程度,参考以往的研究成果,采用公司的报刊财经新闻报道总数的自然对数 Sumnews 来衡量其媒体关注情况,本研究选择中国上市公司财经新闻数据库中《证券时报》《中国证券报》《上海证券报》《证券日报》《中国经营报》《经济观察报》《21世纪经济报道》和《第一财经日报》等较具影响力的八大全国性财经报纸的新闻数据来计量民营上市公司的媒体关注程度。

4. 控制变量

本研究设定了企业规模、股权集中度、企业成长性、成立年限和资产负债率作为控制变量。量化回归模型中自变量名称及其英文缩写见表3-1。

表 3-1 量化模型中的解释变量选择

变量	英文简称	计量方法
扶贫参与意愿	PPW	参与扶贫赋值为1,未参与扶贫赋值为0
扶贫投入强度	PII	精准扶贫投入(包括现金投入+物资折款)占总营业收入比例
高管政治关联	EPC	民营企业高管曾经或现在是人大代表或政协委员,则赋值为1;若同时兼任人大代表和政协委员,则赋值为2
年长高管比例	SEP	民营企业中出生于1970年之前高管人数占高管团队总人数比例
区域制度环境	RIE	王小鲁等(2017)研究的市场化指数
媒体关注程度	MAD	民营企业报刊财经新闻报道总数的自然对数Sumnews
企业规模	SIZE	企业年末总资产的自然对数值
股权集中度	TOP	第一大股东持股比例
企业成长性	GRO	总营业收入增长百分比
成立年限	AGE	企业自成立至研究该年的年份数
资产负债率	LEV	总负债占总资产的百分比

参考已有文献的实证分析思路,本研究采用多元线性回归进行假设检验,构建如下四个假设检验模型(为简便起见,此处因变量以 P 代替扶贫参与意愿PPW和扶贫投入强度PII,回归分析时,因变量为PPW时,模型为Probit模型,因变量为PII时,模型为OLS模型)。首先,仅检验控制变量对因变量的影响(模型1);其次,在第一步基础上加入自变量EPC和SEP来检验主效应(模型2);再次,在第二步的基础上分别加入RIE和MAD两个调节变量(模型3,模型4;其中模型4中因变量 P 只代表扶贫投入强度PII,因为媒体一般只会关注已经参与了精准扶贫的民营企业事迹);最后,在第三步基础上分别加入交互项以检验调节效应(模型5,模型6;其中模型6中因变量 P 只代表扶贫投入强度PII,原因同上)。按照以上思路设定了四个回归方程的基本模型:

$$P = \alpha_1 + \beta_{11}\text{SIZE} + \beta_{12}\text{TOP} + \beta_{13}\text{GRO} + \beta_{14}\text{AGE} + \beta_{15}\text{LEV} + \varepsilon_1 \quad (模型1)$$

$$P = \alpha_2 + \gamma_{21}\text{EPC} + \gamma_{22}\text{SEP} + \beta_{21}\text{SIZE} + \beta_{22}\text{TOP} + \beta_{23}\text{GRO} + \beta_{24}\text{AGE} + \beta_{25}\text{LEV} + \varepsilon_2 \quad (模型2)$$

$$P = \alpha_3 + \gamma_{31}\text{EPC} + \gamma_{32}\text{SEP} + \delta_3\text{RIE} + \beta_{31}\text{SIZE} + \beta_{32}\text{TOP} + \beta_{33}\text{GRO}$$

$$+\beta_{34}AGE+\beta_{35}LEV+\varepsilon_3 \quad (\text{模型 3})$$

$$P=\alpha_4+\gamma_{41}EPC+\gamma_{42}SEP+\delta_4MAD+\beta_{41}SIZE+\beta_{42}TOP+\beta_{43}GRO$$
$$+\beta_{44}AGE+\beta_{45}LEV+\varepsilon_4 \quad (\text{模型 4})$$

$$P=\alpha_5+\gamma_{51}EPC+\gamma_{52}SEP+\delta_5RIE+\lambda_{51}EPC*RIE+\lambda_{52}SEP*RIE$$
$$+\beta_{51}SIZE+\beta_{52}TOP+\beta_{53}GRO+\beta_{54}AGE+\beta_{55}LEV+\varepsilon_5 \quad (\text{模型 5})$$

$$P=\alpha_6+\gamma_{61}EPC+\gamma_{62}SEP+\delta_6MAD+\lambda_{61}EPC*MAD+\lambda_{62}SEP*MAD$$
$$+\beta_{61}SIZE+\beta_{62}TOP+\beta_{63}GRO+\beta_{64}AGE+\beta_{65}LEV+\varepsilon_6 \quad (\text{模型 6})$$

根据 Baron Kenny、Wen 等人对调节效应检验的方法，运用 SPSS 21.0 对以上回归方程进行检验。本研究的核心研究模型如图 3-2 所示。

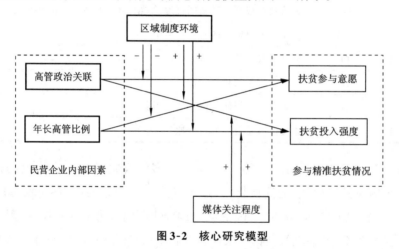

图 3-2 核心研究模型

第三节 实证分析

一、描述性统计分析

本研究首先进行了描述性统计分析（见表 3-2），从扶贫投入强度来看，不同民营企业相应数据间的离散程度呈现逐次增加的趋势，表示不同地域民营企业在精准扶贫方面的投入差异很大，这一点符合本研究引言中数据及图 3-1 所示；同时高管政治关联的离散程度较小，表示多数民营企业均拥有政治联系；管理团队构成的离散程度较大，表示民营企业管理团队在年龄构成方面的差异性较强。

表 3-2 变量的描述性统计分析

Variable	N	Mean	SD	Min	Max
PPW	2853	0.173	0.369	0.000	1.000
PII	2853	0.264％	1.872	0.031％	10.873％
EPC	2853	0.829	0.086	0.000	2.000
SEP	2853	0.265	2.019	0.000	0.624
RIE	2853	7.346	1.803	0.621	9.785
MAD	2853	3.337	1.273	3.178	7.216
SIZE	2853	20.115	1.121	16.742	27.679
TOP	2853	0.317	0.142	0.039	0.842
GRO	2853	0.211	0.587	−0.511	4.598
AGE	2853	8.143	6.571	0.000	29.000
LEV	2853	0.375	0.194	0.011	2.317

然后对变量进行相关性分析(见表3-3),高管政治关联与扶贫参与意愿和扶贫投入强度之间显著正相关,年长高管比例与扶贫参与意愿和扶贫投入强度之间显著正相关,区域制度环境与扶贫参与意愿之间显著负相关,区域制度环境与扶贫投入强度之间显著正相关,媒体关注程度与扶贫投入强度之间显著正相关。从相关性分析来看,所提出的假设得到初步验证,具备进行进一步多元回归分析的基础。

表 3-3 变量的 Pearson 相关分析

	PPW	PII	EPC	SEP	RIE	MAD	SIZE	TOP	GRO	AGE	LEV
PPW	1										
PII	0.764***	1									
EPC	0.672***	0.419**	1								
SEP	0.485**	0.593***	0.524*	1							
RIE	−0.672**	0.563***	0.235	−0.216	1						
MAD	0.023	0.394***	−0.128	0.094	0.259*	1					
SIZE	−0.043	−0.065	0.418**	0.253*	0.032	0.186*	1				
TOP	−0.113*	−0.084*	0.302**	−0.103	0.031	−0.057	0.439***	1			
GRO	0.023	0.015	0.021*	0.136	0.142	0.093	0.041	0.047	1		

续表

	PPW	PII	EPC	SEP	RIE	MAD	SIZE	TOP	GRO	AGE	LEV
AGE	0.009	0.004	0.114**	0.203*	−0.083	0.169	−0.109**	−0.257*	0.049	1	
LEV	0.072	0.043	0.231	−0.148	−0.192	0.245	0.542***	0.106**	0.034	0.071	1

注：***表示通过1%水平显著性检验，**表示通过5%水平显著性检验，*表示通过10%水平显著性检验。

二、实证分析

如表3-4所示，模型2的回归结果表明，民营企业内部因素（高管政治关联与年长高管比例）对精准扶贫行为（扶贫参与意愿与扶贫投入强度）存在正向影响效应；其中高管政治关联对"扶贫参与意愿"的正向影响程度（系数为2.847，通过1%水平的显著性检验）大于年长高管比例（系数为1.536，通过5%水平的显著性检验）；年长高管比例对"扶贫投入强度"的正向影响程度（系数为2.148，通过5%水平的显著性检验）大于高管政治关联（系数为1.792，通过5%水平的显著性检验）。

模型5的回归结果表明，区域制度环境负向调节高管政治关联对"扶贫参与意愿"的作用（交互项系数为−0.782，通过10%水平的显著性检验），区域制度环境负向调节年长高管比例对"扶贫参与意愿"的作用（交互项系数为−0.691，通过10%水平的显著性检验）。区域制度环境正向调节高管政治关联对"扶贫投入强度"的作用（交互项系数为0.867，通过10%水平的显著性检验），区域制度环境正向调节年长高管比例对"扶贫投入强度"的作用（交互项系数为0.621，通过10%水平的显著性检验）。

模型6的回归结果表明，媒体关注程度正向调节高管政治关联对"扶贫投入强度"的作用（交互项系数为0.634，通过5%水平的显著性检验），媒体关注程度正向调节年长高管比例对"扶贫投入强度"的作用（交互项系数为0.925，通过5%水平的显著性检验）。

民营企业内部因素对精准扶贫的主效应，区域制度环境和媒体关注程度的调节效应可以用图3-3、图3-4、图3-5表示。其中图3-3所示区域制度环境对内部因素与"扶贫参与意愿"的负向调节作用，图3-4所示区域制度环境对内部因素与"扶贫投入强度"的正向调节作用，为不同省域内民营企业"扶贫参与比例"与"扶贫投入强度"的反向演化趋势给出了一个合理的解释，这一现象对激励民营企业参与乡村振兴政策制订的借鉴意义将在下文给出。

表 3-4 民营企业参与精准扶贫驱动机制的回归分析结果

变量	模型 1 PPW	模型 1 PII	模型 2 PPW	模型 2 PII	模型 3 PPW	模型 3 PII	模型 4 PII	模型 5 PPW	模型 5 PII	模型 6 PII
EPC			2.847*** (1.86)	1.792** (2.31)	2.413*** (1.45)	1.364** (1.68)	1.373** (1.70)	2.104** (1.42)	1.083** (1.71)	1.358** (1.73)
SEP			1.536** (2.09)	2.148** (1.64)	1.268** (1.74)	1.782** (1.59)	1.806** (1.64)	1.073* (1.71)	1.429** (1.65)	1.792* (1.67)
RIE					0.902* (1.87)	0.875* (1.95)		−0.461 (1.94)	0.793* (2.08)	
MAD							0.851* (1.92)		0.867* (1.85)	0.823* (1.97)
EPC*RIE								−0.782* (1.89)		
SEP*RIE								−0.691* (1.95)	0.621* (1.97)	
EPC*MAD										0.634** (1.96)
SEP*MAD										0.925** (1.78)

续表

变量	模型 1		模型 2		模型 3		模型 4		模型 5		模型 6	
	PPW	PII	PPW	PII	PPW	PII	PPW	PII	PPW	PII	PPW	PII
SIZE	0.167	0.192	−0.642	−0.783	−0.730	−0.802		−0.794	−0.713	−0.790		−0.785
	(0.89)	(0.73)	(0.62)	(0.54)	(0.69)	(0.58)		(0.56)	(0.72)	(0.61)		(0.59)
TOP	−0.582*	−0.503*	−0.367*	−0.312*	−0.381*	−0.326*		−0.319*	−0.367*	−0.304*		−0.302*
	(1.85)	(2.07)	(1.52)	(1.64)	(1.59)	(1.73)		(1.69)	(1.62)	(1.76)		(1.73)
GRO	0.084	0.069	0.087	0.073	0.094	0.081		0.078	0.087	0.076		0.071
	(0.21)	(0.26)	(0.29)	(0.24)	(0.31)	(0.35)		(0.31)	(0.33)	(0.38)		(0.33)
AGE	0.041	0.056	0.043	0.054	0.047	0.056		0.056	0.042	0.052		0.052
	(0.23)	(0.16)	(0.20)	(0.17)	(0.23)	(0.19)		(0.18)	(0.25)	(0.21)		(0.20)
LEV	−0.165	−0.132	−0.168	−0.134	−0.174	−0.140		−0.138	−0.166	−0.134		−0.132
	(−0.54)	(−0.71)	(−0.52)	(−0.68)	(−0.56)	(−0.73)		(−0.71)	(−0.59)	(−0.75)		(−0.73)
Constant	−3.801*	−4.125*	−3.943*	−4.295*	−3.972*	−4.306*		−4.301*	−3.921*	−4.293*		−4.289*
	(−2.09)	(−1.87)	(−2.13)	(−1.94)	(−2.17)	(−1.96)		(−1.96)	(−2.19)	(−1.99)		(−1.98)
N												
R^2	0.183	0.192	0.206	0.219	0.214	0.227		0.221	0.218	0.236		0.237
Adj. R^2	0.156	0.167	0.171	0.185	0.173	0.189		0.188	0.177	0.194		0.192
F	6.529***	6.813***	6.726***	6.913***	6.738***	6.985***		6.951***	6.702***	7.064***		6.928***

注：括号内为 t 值，***表示通过 1%水平的显著性检验，**表示通过 5%水平的显著性检验，*表示通过 10%水平的显著性检验。

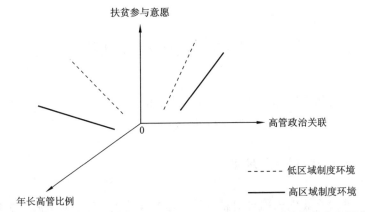

图 3-3　民营企业内部因素对扶贫参与意愿的影响，区域制度环境的负向调节效应

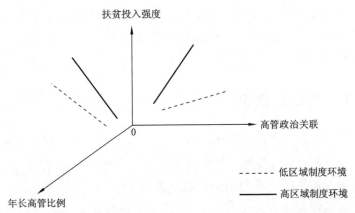

图 3-4　民营企业内部因素对扶贫投入强度的影响，区域制度环境的正向调节效应

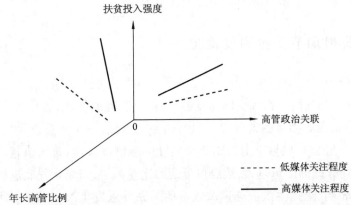

图 3-5　民营企业内部因素对扶贫投入强度的影响，媒体关注程度的正向调节效应

第四节 稳健性分析

为保证研究结论的稳健性和普适性,从变量滞后一期、工具变量设计、替换调节变量测度三个方面进行稳健性分析。

一、变量滞后一期检验

考虑到民营企业内部因素对精准扶贫战略实施与否,如何实施的影响效应可能存在滞后,因此本研究通过变量滞后一期的方法来进行稳健性分析,即将"扶贫参与意愿""扶贫投入强度"滞后一期,探讨民营企业当期内部因素与下一期精准扶贫指标的关系。滞后一期回归的结果(见表3-5)显示,上述主效应与调节效应的关系并未发生改变。

二、工具变量法检验

因为同一行业中的企业行为往往存在着"同伴效应",所以民营企业参与扶贫这一决策可能会不自觉地受到行业中其他企业的影响,但是其管理层的特征则一般不会受到行业中其他企业的影响。综上选取了同一行业中其他民营企业参与精准扶贫数值的平均值作为工具变量,来进行实证检验。表3-6中的OPA-PPW为扶贫参与意愿的代理变量,OPA-PII为扶贫投入强度的代理变量,其计算结果表明,上述主效应与调节效应的关系并未发生改变。

三、替换调节变量测度检验

实证分析中区域制度环境的调节效应能够为"不同省域内民营企业扶贫参与比例、扶贫投入强度两个指标反向演化趋势"提供合理的解释,故其调节效应是否稳健值得探讨,因此参考吕迪伟等(2019)的处理方法,采用各省份的地区生产总值与该地区一般公共预算支出的比值来表征区域制度环境,该比值越高,表明区域资源由市场分配的比重越大,政府再分配的比重越小,市场化程度也越高。表3-7计算结果表明,上述主效应与调节效应的关系并未发生改变。综上所述,本研究实证研究的结果是稳健的。

表 3-5 民营企业参与精准扶贫驱动机制回归的稳健性分析(变量滞后一期)

变量	模型 1		模型 2		模型 3		模型 4		模型 5		模型 6	
	PPW	PII	PPW	PII	PPW	PII	PPW	PII	PPW	PII	PPW	PII
EPC			1.625***	1.027**	1.375***	0.803**		0.689**	1.207**	0.643**		0.793**
			(1.21)	(1.35)	(0.86)	(0.92)		(0.82)	(0.84)	(1.02)		(0.89)
SEP			0.937**	1.304**	0.769**	0.914**		1.012**	0.638*	0.805**		0.854**
			(1.19)	(0.92)	(0.93)	(0.84)		(0.93)	(0.87)	(0.92)		(0.93)
RIE					0.872*	0.816*			−0.423	0.437*		
					(1.65)	(1.82)			(1.16)	(0.95)		
MAD								0.825*				0.794*
								(1.74)				(1.93)
EPC*RIE									−0.671*	0.782*		
									(1.53)	(1.42)		
SEP*RIE									−0.602*	0.564*		
									(1.47)	(1.23)		
EPC*MAD												0.592**
												(1.46)
SEP*MAD												0.803**
												(1.37)

续表

变量	模型 1 PPW	模型 1 PII	模型 2 PPW	模型 2 PII	模型 3 PPW	模型 3 PII	模型 4 PII	模型 5 PPW	模型 5 PII	模型 6 PII
SIZE	0.113	0.124	−0.425	−0.482	−0.392	−0.467	−0.439	−0.511	−0.489	−0.436
	(0.72)	(0.53)	(0.46)	(0.39)	(0.42)	(0.32)	(0.36)	(0.43)	(0.36)	(0.34)
TOP	−0.417*	−0.276*	−0.209*	−0.195*	−0.215*	−0.195*	−0.187*	−0.193*	−0.167*	−0.178*
	(1.23)	(1.18)	(1.04)	(1.12)	(0.96)	(1.04)	(1.12)	(0.96)	(0.82)	(0.91)
GRO	0.051	0.043	0.065	0.068	0.072	0.077	0.074	0.082	0.043	0.052
	(0.16)	(0.17)	(0.22)	(0.19)	(0.23)	(0.19)	(0.26)	(0.29)	(0.25)	(0.31)
AGE	0.024	0.033	0.036	0.041	0.039	0.046	0.051	0.033	0.029	0.035
	(0.15)	(0.09)	(0.14)	(0.12)	(0.15)	(0.17)	(0.15)	(0.19)	(0.16)	(0.21)
LEV	−0.102	−0.074	−0.083	−0.078	−0.092	−0.102	−0.082	−0.094	−0.083	−0.089
	(−0.31)	(−0.45)	(−0.39)	(−0.43)	(−0.35)	(−0.48)	(−0.52)	(−0.48)	(−0.39)	(−0.65)
Constant	−2.143*	−2.374*	−2.467*	−2.356*	−2.014*	−2.217*	−2.347*	−2.093*	−2.326*	−2.249*
	(−1.17)	(−1.03)	(−1.28)	(−1.23)	(−1.16)	(−1.15)	(−1.24)	(−1.03)	(−1.17)	(−1.13)
N										
R^2	0.203	0.210	0.224	0.235	0.247	0.261	0.278	0.275	0.284	0.291
Adj. R^2	0.178	0.183	0.192	0.201	0.213	0.229	0.236	0.229	0.237	0.243
F	4.025***	4.315***	4.653***	4.832***	4.986***	5.094***	5.239***	5.186***	5.237***	5.339***

注：括号中为 t 值，***表示通过1%水平的显著性检验，**表示通过5%水平的显著性检验，*表示通过10%水平的显著性检验。

表 3-6 民营企业参与精准扶贫驱动机制回归的稳健性分析（工具变量设计）

变量	模型 1		模型 2		模型 3		模型 4	模型 5		模型 6
	OPA-PPW	OPA-PII	OPA-PPW	OPA-PII	OPA-PPW	OPA-PII	OPA-PII	OPA-PPW	OPA-PII	OPA-PII
EPC			1.105***	0.816**	0.903***	0.592**	0.512**	0.851**	0.563**	0.591**
			(0.94)	(1.01)	(0.62)	(0.71)	(0.55)	(0.62)	(0.74)	(0.66)
SEP			0.738**	0.923**	0.652**	0.603**	0.739**	0.493*	0.612**	0.624**
			(0.86)	(0.78)	(0.72)	(0.65)	(0.67)	(0.58)	(0.79)	(0.75)
RIE					0.741*	0.596*		−0.326	0.356*	
					(1.20)	(1.34)		(0.85)	(0.78)	
MAD							0.594*			0.613*
							(1.26)			(1.38)
EPC*RIE								−0.472*	0.584*	
								(1.08)	(1.03)	
SEP*RIE								−0.438*	0.412*	
								(0.96)	(0.89)	
EPC*MAD										0.382**
										(1.04)
SEP*MAD										0.596**
										(0.90)

续表

变量	模型 1		模型 2		模型 3		模型 4		模型 5		模型 6	
	OPA-PPW	OPA-PII	OPA-PPW	OPA-PII	OPA-PPW	OPA-PII	OPA-PPW	OPA-PII	OPA-PPW	OPA-PII	OPA-PPW	OPA-PII
SIZE	0.102	0.113	−0.396	−0.415	−0.373	−0.409	−0.426	−0.426	−0.473	−0.489	−0.426	−0.426
	(0.65)	(0.46)	(0.41)	(0.37)	(0.35)	(0.31)	(0.35)	(0.35)	(0.41)	(0.43)	(0.29)	(0.29)
TOP	−0.217*	−0.224*	−0.198*	−0.201*	−0.208*	−0.198*	−0.183*	−0.183*	−0.188*	−0.194*	−0.185*	−0.185*
	(1.01)	(1.07)	(1.05)	(1.09)	(0.94)	(1.02)	(1.11)	(1.11)	(0.92)	(0.87)	(0.84)	(0.84)
GRO	0.037	0.041	0.048	0.076	0.065	0.072	0.076	0.076	0.073	0.069	0.064	0.064
	(0.11)	(0.12)	(0.17)	(0.20)	(0.18)	(0.16)	(0.21)	(0.21)	(0.24)	(0.22)	(0.27)	(0.27)
AGE	0.015	0.017	0.019	0.027	0.032	0.039	0.048	0.048	0.037	0.038	0.036	0.036
	(0.09)	(0.08)	(0.10)	(0.11)	(0.12)	(0.13)	(0.14)	(0.14)	(0.18)	(0.15)	(0.19)	(0.19)
LEV	−0.084	−0.073	−0.076	−0.071	−0.085	−0.093	−0.089	−0.089	−0.092	−0.086	−0.083	−0.083
	(−0.22)	(−0.27)	(−0.31)	(−0.36)	(−0.32)	(−0.37)	(−0.45)	(−0.45)	(−0.43)	(−0.37)	(−0.41)	(−0.41)
Constant	−2.247*	−2.156*	−2.238*	−2.146*	−2.075*	−2.128*	−2.241*	−2.241*	−2.195*	−2.278*	−2.314*	−2.314*
	(−1.23)	(−1.13)	(−1.17)	(−1.08)	(−1.06)	(−1.09)	(−1.13)	(−1.13)	(−1.08)	(−1.02)	(−1.09)	(−1.09)
N												
R^2	0.194	0.201	0.208	0.217	0.228	0.237	0.245	0.245	0.261	0.273	0.285	0.285
Adj. R^2	0.187	0.192	0.195	0.206	0.215	0.224	0.231	0.231	0.247	0.251	0.249	0.249
F	3.857***	3.926***	4.012***	4.208***	4.367***	4.581***	4.658***	4.658***	4.803***	5.014***	5.176***	5.176***

注：括号内为 t 值，***表示通过 1% 水平的显著性检验，**表示通过 5% 水平的显著性检验，*表示通过 10% 水平的显著性检验。

表 3-7 民营企业参与精准扶贫驱动机制回归的稳健性分析（替换调节变量测度方法）

变量	模型 1		模型 2		模型 3		模型 4		模型 5		模型 6
	PPW	PII	PPW	PII	PPW	PII	PPW	PII	PPW	PII	PII
EPC			2.143***	1.487**	1.936***	1.076**		1.128**	1.703**	0.841**	1.105**
			(1.56)	(1.69)	(1.17)	(1.36)		(1.39)	(1.16)	(1.42)	(1.40)
SEP			1.207*	1.705**	1.029**	1.405**		1.427**	0.826*	1.137**	1.214**
			(1.64)	(1.32)	(1.41)	(1.29)		(1.35)	(1.39)	(1.32)	(1.38)
RIE					0.753*	0.678*			−0.347	0.632*	
					(1.58)	(1.61)			(1.64)	(1.71)	
MAD							0.692*				0.651*
							(1.58)				(1.53)
EPC*RIE									−0.631*	0.682*	
									(1.62)	(1.43)	
SEP*RIE									−0.592*	0.564*	
									(1.57)	(1.59)	
EPC*MAD											0.570**
											(1.63)
SEP*MAD											0.792**
											(1.81)

续表

变量	模型 1		模型 2		模型 3		模型 4	模型 5		模型 6
	PPW	PII	PPW	PII	PPW	PII	PII	PPW	PII	PII
SIZE	0.132 (0.71)	0.154 (0.59)	−0.512 (0.49)	−0.579 (0.47)	−0.586 (0.55)	−0.641 (0.59)	−0.632 (0.57)	−0.578 (0.61)	−0.651 (0.49)	−0.629 (0.58)
TOP	−0.458* (1.42)	−0.427 (1.61)	−0.294* (1.27)	−0.248* (1.35)	−0.302* (1.31)	−0.259* (1.36)	−0.256* (1.32)	−0.291* (1.29)	−0.253* (1.41)	−0.243* (1.35)
GRO	0.067 (0.18)	0.055 (0.21)	0.061 (0.23)	0.058 (0.26)	0.073 (0.22)	0.057 (0.28)	0.062 (0.25)	0.071 (0.25)	0.059 (0.27)	0.065 (0.26)
AGE	0.037 (0.19)	0.045 (0.13)	0.036 (0.15)	0.041 (0.14)	0.036 (0.17)	0.044 (0.13)	0.042 (0.15)	0.033 (0.20)	0.043 (0.14)	0.041 (0.16)
LEV	−0.136 (−0.42)	−0.121 (−0.58)	−0.132 (−0.43)	−0.117 (−0.53)	−0.134 (−0.46)	−0.124 (−0.58)	−0.112 (−0.55)	−0.139 (−0.45)	−0.109 (−0.58)	−0.107 (−0.58)
Constant	−3.075* (−1.69)	−3.207 (−1.53)	−3.185* (−1.67)	−3.341* (−1.62)	−3.451* (−1.58)	−3.425* (−1.56)	−3.312* (−1.62)	−3.278* (−1.71)	−3.426* (−1.65)	−3.301* (−1.66)
N										
R^2	0.152	0.161	0.173	0.181	0.187	0.176	0.175	0.179	0.185	0.191
Adj. R^2	0.137	0.146	0.151	0.157	0.165	0.154	0.154	0.156	0.167	0.173
F	5.372***	5.469***	5.582***	5.734***	5.814***	5.632***	5.589***	5.714***	5.613***	5.872***

注：括号内为 t 值，***表示通过1%水平的显著性检验，**表示通过5%水平的显著性检验，*表示通过10%水平的显著性检验。

第五节　理论诠释及政策设计

通过前文实证分析可知:民营企业参与精准扶贫决策可以划分为两个重要维度:第一是参与精准扶贫与否,第二是扶贫投入强度如何。这两个维度的内容均取决于民营企业内部因素与外部环境的整合作用,具体是由高管政治关联、成员年龄构成、区域制度环境和媒体关注程度所整合形成的驱动要素集合。根据党的十九届五中全会所提出"实现巩固拓展脱贫攻坚成果同乡村振兴有效衔接",促进民营企业参与乡村振兴长效机制的形成,势必要实现与精准扶贫驱动机制的有效衔接,因此我们可以基于民营企业参与精准扶贫驱动因素的实证分析结论,探索性地提出一些激励民营企业参与乡村振兴的政策设计思路,并以如下表3-8与图3-6分别表示,其中图3-6详细描绘拥有不同内部因素、身处不同区域、伴随不同程度媒体关注的民营企业,将会具备怎样的"扶贫参与比例"与"扶贫投入强度";

表3-8　民营企业参与乡村振兴长效机制设计的内部和外部优化途径

基于内部因素特征的民营企业归类		激励民营企业积极参与乡村振兴的政策设计				
		内部优化途径	民营企业与外部政策设计的相关度	外部优化途径		
				区域制度环境		媒体关注程度
高管政治关联程度	管理团队中年长成员比例			低	高	
高	高		+++	√√ (尽可能发动更多的民营企业参与乡村振兴)	√√√ (尽可能甄选更为合适的民营企业参与乡村振兴)	√√√ (尽可能增加对民营企业参与乡村振兴事迹报道的频率和强度)
高	低		++	√√	√√	√√√
低	高	强化高管政治关联	++	√√	√√	√√√
低	低	强化高管政治关联	+	√√	√√	√√√

注:"+"表示基于内部因素分类的四种民营企业在外部优化途径设计中所需要重点考虑的程度;"√"表示针对四种民营企业所设计外部优化途径的强度水平。

而表3-8根据民营企业的内部因素、区域环境、媒体关注等具体状况,有效激励民营企业参与乡村振兴长效机制的形成提出了一种"按图索骥"式的政策设计思路,力争实现对差异化的民营企业参与乡村振兴进行"精准"的政策激励。

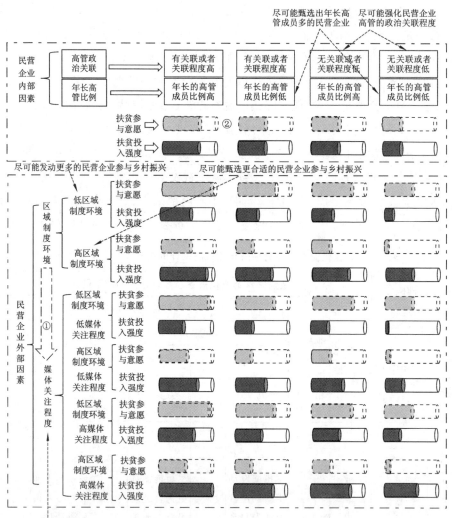

①:其实区域制度环境和媒体关注程度对民营企业参与扶贫的影响效应是同时存在的,此处为了简便起见,首先解析区域制度环境的调节作用,然后在此基础上解析媒体关注程度的调节作用

②: 扶贫参与意愿的水平高低   扶贫投入强度的水平高低

图3-6 基于精准扶贫驱动力分析的民营企业参与乡村振兴长效机制设计

第六节 结　　论

一、研究结论

本章研究以民营企业高管政治关联、年长高管比例为自变量,扶贫参与意愿、扶贫投入强度为因变量,区域制度环境和媒体关注程度为调节变量,应用2016—2019年民营上市公司作为样本,对民营企业参与精准扶贫的驱动机制进行实证分析。结果表明:高管政治关联对"扶贫参与意愿"的正向影响程度大于年长高管比例,年长高管比例对"扶贫投入强度"的正向影响程度大于高管政治关联。区域制度环境负向调节民营企业内部因素对"扶贫参与意愿"的作用,区域制度环境正向调节民营企业内部因素对"扶贫投入强度"的作用,媒体关注程度正向调节民营企业内部因素对"扶贫投入强度"的作用。

二、理论贡献与实践启示

本章研究首先将民营企业参与精准扶贫的前因变量区分为高管政治关联、年长高管比例,将扶贫行为区分为扶贫参与意愿、扶贫投入强度,实证分析了两个自变量对两个因变量的异质性影响效应;其次明晰了区域制度环境在民营企业内部因素与"扶贫参与意愿"和"扶贫投入强度"之间的反向调节效应,为不同地域内民营上市公司"扶贫参与比例"和"扶贫投入强度"两个指标近似反向变化这一现象给出了一个合理的理论解释;最后验证了媒体关注程度在民营企业内部因素与"扶贫投入强度"之间的正向调节效应。因此本研究为民营企业参与扶贫的驱动机制研究给出了一个整合性的分析思路,丰富了民营企业参与扶贫问题的理论体系,为民营企业参与乡村振兴长效机制理论体系的构建做出了一些探索性的思考。

本章研究实践启示在于:

(1)可以通过对民营企业高管结构的了解,积极前瞻地甄选更多更为合适的民营企业参与乡村振兴,并根据不同省域中民营企业整体"扶贫参与意愿"和"扶贫投入强度"的现实状况,有针对性地激励民营企业参与特定省域的乡村振兴工作，比如针对民营企业整体"扶贫参与意愿"较高但是"扶贫投入强度"较低的省域而言，可以考虑甄选年长高管比例较高的民营企业参与乡村振兴。

（2）可以根据目前区域制度环境和媒体关注程度的差异，采取"按图索骥"的靶向激励措施吸引更多更为合适的民营企业参与乡村振兴，特别是考虑通过调节效应的作用激励更为合适的民营企业参与异地乡村振兴工作，如此可以在全局上实现乡村振兴工作的区域协调性，避免只是依靠"涓滴效应"来推进乡村振兴工作。

三、研究不足与未来展望

第一，本章研究将民营企业参与扶贫和乡村振兴的内部驱动因素界定为高管政治关联、年长高管比例，为民营企业参与乡村振兴长效机制理论体系的构建奠定了良好的基础。但根据研究情境的不同，其实可能还有很多因素会影响民营企业参与扶贫和乡村振兴，比如：公司的财务状况、行业竞争激烈程度、行业自身属性等，未来我们将逐一量化这些指标进行对比分析，以进一步完善民营企业参与乡村长效机制的理论体系。

第二，本章研究以2016—2019年民营上市公司为样本进行实证分析，因此就有三个方面可以完善：①将时间维度延伸至2020年以观察本研究结论的稳健性；②未来可以针对某些或者某个特征明显或者乡村振兴工作相对滞后的省域，对这些地域范围内民营企业参与乡村振兴的激励机制进行细化探讨；③未来可以使用田野调查和案例分析的方法，选择合适的民营企业样本进行较长时间维度上的跟踪分析，立体化地完善民营企业参与乡村长效机制的理论体系。

第四章 民营企业参与乡村振兴长效机制
——精准扶贫与创新绩效空间分异视角

第一节 引 言

本章研究认为,通过对民营企业参与精准扶贫及其创新行为的对比剖析,能够为民营企业参与乡村振兴长效机制构建提供理论参考和实践启示。然而目前该领域的研究成果还较为少见,文献梳理仅发现了一篇,王伦(2020)认为仅参与精准扶贫不会对企业研发创新产生显著影响,然而该文使用研发投入除以期初总资产来衡量研发投入强度,进而作为企业创新的代理变量,这一方式可能会忽略了民营企业研发投入强度未必对应着良好的创新业绩。

本章研究认为,民营企业在新行业获得营业收入才是真正的创新绩效,这也可能是民营企业持续性参与乡村振兴的资源池。民营企业参与精准扶贫和乡村振兴都是积极承担社会责任,实现长期永续经营目标的表征;同时锐意创新也是积极转型升级,实现长期高质量发展的举措。因此提出一个命题:"民营企业精准扶贫与其创新绩效之间存在空间范围上的同向变化特征。"目前对于这个命题的研究尚不存在,如果该命题成立,则对民营企业参与乡村振兴和积极创新可以采取同样的激励措施;如果该命题不成立,则对民营企业参与乡村振兴和积极创新应当采取差异性的激励举措。

第二节　精准扶贫与创新绩效空间分异状况

为了对省域范围内民营企业精准扶贫与创新绩效的状况进行更为简明的概括,本章研究根据参与扶贫与创新绩效的二维演化状况将省域划分为四种类型,如表4-1所示。

表4-1　基于民营企业精准扶贫及创新绩效的省域类型划分(2016—2019年)

扶贫资金比例	创新收入比例	典型省份(市)	精准扶贫与创新绩效的关联类型
高	高	北京、上海	同步拓展型
高	低	陕西、贵州	探索尝试型
低	高	山东、安徽	稳步推进型
低	低	甘肃、辽宁	保守观察型

既然民营企业决策者遵循扶贫政策的引导,意欲获取发展所需的政策支持。本着承担社会责任,培育良好的企业声誉,保障民营企业长期发展的目的,会积极参与精准扶贫。同时也会努力实施创新,迎合转型升级的趋势,打造持续性竞争优势,拥抱不断涌现的市场机会。那么为何民营企业精准扶贫与创新绩效却在不同省域范围内的表现存在明显的不同?毋庸置疑的是,这两种评价指标在空间格局上的不同表现应当存在着其对应的影响因素,因此民营企业内部因素对精准扶贫与创新绩效存在同向变化的影响效应,造成精准扶贫与创新绩效非同步演变的因素应当来自于外部环境。

第三节　民营企业精准扶贫与创新绩效前因变量分析

一、样本组选择

参考相关研究成果,本章研究认为,如果针对特殊属性的民营上市公司样本进行归因分析,可能得出更有价值的结论。根据相关研究成果,媒体关注会促进民营企业参与扶贫的积极性,据此本章研究认为消费者的心理认可会提升民营企业的声誉水平,进而强化民营企业参与扶贫的动机。虽然区域制度环境可以作用于民营企业的创新行为,但涉足新行业进而推出新产品并获得满意的业绩水平,必定也离不开消费者的青睐。

因此本章研究将甄别出能反映消费者敏感特性的样本集合,就环境要素与民营企业精准扶贫与创新绩效的关系进行拓展分析。何贤杰等(2012)、王建玲等(2016)将证监会2012行业分类标准中高污染行业以及与社会公众生活质量安全健康密切相关的行业划分为社会责任敏感性行业。考虑实证分析对象为民营上市公司,涉及高污染行业的样本较少,本研究选取与社会公众生活质量安全健康密切相关的行业、并根据民营企业实际状况,加上纺织业(C17),纺织服装、服饰业(C18),组成一个具备消费者依赖特征的样本集合,并命名为"消费者依赖型"样本组,据此展开拓展性分析。

二、实证分析

与前文类似的是,此处我们也使用空间滞后模型和空间误差模型进行实证分析(见表4-2、表4-3),并根据该组数据的实证结果进行讨论。

表4-2 环境因素与民营企业参与精准扶贫行为的空间计量回归结果(消费者依赖型样本组)

变量	空间滞后模型(SLM)				空间误差模型(SEM)			
	β	Std.E	t值	P值	β	Std.E	t值	P值
CONSTANT	−0.02993	0.00920	−2.53657	0.00237	−0.03211	0.00976	−2.81247	0.00085
LnRIE	0.00065	0.00062	0.20379	0.5241	0.02605*	0.00053	0.24852	0.04322
LnICE	0.00047	0.00371	−0.10951	0.79434	0.01782	0.00351	0.42095	0.52475
LnMAL	0.00221	0.00216	0.6004	0.20743	0.18356**	0.00209	0.81673	0.14076
ρ/φ	0.00874	0.05104	0.15193	0.72178	0.32658***	0.11924	2.31491	0.005323
统计检验值								
R^2	0.93036				0.95237			
LogL	221.97382				223.65431			

注:***表示通过1%水平的显著性检验,**表示通过5%水平的显著性检验,*表示通过10%水平的显著性检验。

表 4-3 环境因素与民营企业创新绩效的空间计量回归结果(消费者依赖型样本组)

变量	空间滞后模型(SLM)				空间误差模型(SEM)			
	β	$Std.E$	t值	P值	β	$Std.E$	t值	P值
CONSTANT	−0.04571	0.01023	−3.1572	0.00112	−0.05221	0.00943	−2.93603	0.00089
LnRIE	−0.05410	0.01307	6.72603	0.00238	0.07634**	0.01287	0.78124	0.03025
LnICE	0.06140	0.01781	2.75461	0.01137	0.05142**	0.01635	0.91856	0.06173
LnMAL	0.05342	0.01421	2.28764	0.06210	0.01176	0.01570	0.65289	0.05016
ρ/φ	0.02576	0.04253	0.42605	0.42561	0.31745***	0.10584	2.32504	0.00418
统计检验值								
R^2	0.91832				0.93871			
LogL	195.24837				198.27546			

注:***表示通过1%水平的显著性检验,**表示通过5%水平的显著性检验,*表示通过10%水平的显著性检验。

由表4-2和表4-3可知,空间误差模型优于空间滞后模型,因此下面以SEM模型为基准模型,对消费者依赖型样本组的情况进行讨论。

第一,因变量为"扶贫资金比例"的SEM模型回归结果显示:媒体关注程度对精准扶贫的影响程度明显增大,其斜率系数为0.18356,通过了5%的显著性水平检验;区域制度环境对精准扶贫的影响程度略有增加,其斜率系数为0.02605,通过10%的显著性水平检验;行业竞争环境与精准扶贫的斜率系数0.01782,仍未通过显著性水平检验。这表明就消费者依赖型样本集合而言,对民营企业精准扶贫产生影响的主要因素依然是媒体关注程度。

第二,因变量为"创新收入比例"的SEM模型回归结果显示:区域制度环境对创新绩效的影响程度略有增加,其斜率系数为0.07634,通过了5%的显著性水平检验;行业竞争环境对创新绩效的影响程度明显增大,其斜率系数为0.05142,同时通过了5%的显著性水平检验;媒体关注程度与创新绩效的斜率系数为0.01176,仍未通过显著性水平检验。这表明就消费者依赖型样本集合而言,区域制度环境对民营企业创新绩效的影响依然处于主要地位,同时行业竞争环境也对民营企业创新绩效产生了一定的影响。

第四节　理论模型构建

通过实证研究可知,造成省域范围内民营企业精准扶贫与创新绩效出现非同步演化趋势的原因在于外部环境因素,其作用机制对于消费者依赖型样本集合而言,还存在着些许区别。乡村振兴与精准扶贫是紧密衔接的,民营企业持续性发展与创新绩效也是相辅相成的。因此通过解析精准扶贫与创新绩效的非同步演化趋势,就能够在激励民营企业参与乡村振兴的同时,保障其获取良好的创新绩效,进而形成民营企业参与乡村振兴的长效机制。

本章研究基于精准扶贫与创新绩效的空间分异状况,诠释民营企业参与乡村振兴长效机制的构建思路:首先归纳外部环境因素对民营企业精准扶贫与创新绩效的影响机制,其次解释"消费者依赖型"样本组拓展性分析的结果,最后设计一个理论模型来诠释如何构建民营企业参与乡村振兴的长效机制。

一、民营企业精准扶贫与创新绩效的影响机制

结合前文实证分析所揭示,对民营企业精准扶贫及创新绩效产生影响的主要外部环境因素分别为媒体关注程度和区域制度环境。本章研究将所有省域范围内媒体关注程度和区域制度环境的中位值作为纵坐标的原点,对省域范围内精准扶贫及创新绩效的"高+高""低+低""高+低"和"低+高"四种冷热点分布进行诠释。根据实证数据,"区域制度环境"指标的离散水平要高于"媒体关注程度"指标,因此如图4-1所示,区域制度环境的曲线弧度要高于对应的媒体关注程度曲线。图中粗黑实线是省域范围内民营企业精准扶贫与创新绩效的叠加效应,篇幅所限我们仅讨论第一个和最后一个,第一个对应"高+高"冷热点分布,即前文所述的同步拓展型,这种状况下媒体关注关程度高,区域市场化程度高,此时民营企业的精准扶贫与创新绩效形成了良好的互动状态;最后一个对应"高+低"冷热点分布,即前文所述的探索尝试型,此时媒体关注关程度高,区域市场化程度低,此时媒体较为关注企业组织的扶贫行为,创新活动的开展受到一定限制,因此民营企业乐于参与扶贫,但是在扶贫资金投入方面可能会欠缺持续性。

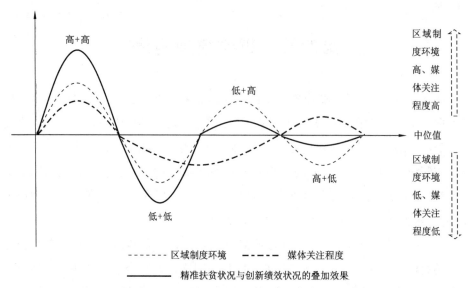

图 4-1　媒体关注程度和区域制度环境对民营企业精准扶贫与创新绩效的影响机制

二、"消费者依赖型"样本组拓展分析的解释

前文实证分析发现,消费者依赖型样本组与全样本组对比,影响其精准扶贫与创新绩效的因素还存在细微差别,我们将这种差异描绘于图4-2中。如图所示,在"媒体关注程度"与"区域制度环境"所组成的坐标系中,两条曲线分布代表了全样本组与消费者型样本组的演化趋势,从左至右,"媒体关注程度"影响效应的增加程度较大,而"区域制度环境"影响效应的增加程度较小。在"行业竞争环境"与"区域制度环境"所组成的坐标系中,两条曲线分布代表了全样本组与消费者型样本组的演化趋势,从左至右,"行业竞争环境"影响效应的增加程度较大,而"区域制度环境"影响效应的增加程度较小。

三、诠释民营企业参与乡村振兴长效机制的理论模型

本章研究将省域范围内民营企业参与精准扶贫及其创新绩效所受到的内外部因素整合在图4-3中,其中最里面一层反映了民营企业内部因素对参与精准扶贫、参与乡村振兴、提升创新绩效的作用机制;顶部归纳了能够对精准扶贫、乡村振兴与创新绩效产生影响的外部环境因素(值得指出的是,其实区域制度环境对

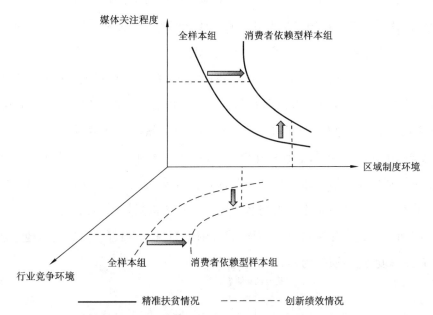

图 4-2 环境因素对民营企业影响机制（全样本组与消费者依赖型样本组对比）

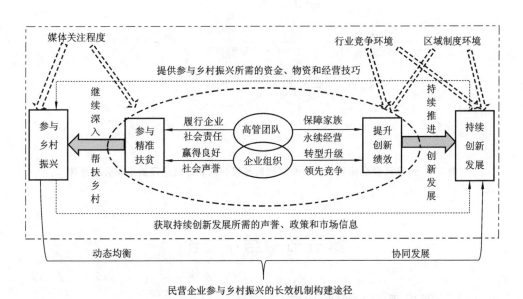

图 4-3 基于精准扶贫与创新绩效影响机制的民营企业参与乡村振兴长效机制设计

精准扶贫也存在一定的正向影响效应,但为了保持简洁,图示中未标注),外层上下两侧诠释了参与乡村振兴与提升创新绩效之间的互动途径,外层左右两侧诠释了民营企业参与乡村振兴长效机制的设计思路。

最后,我们借用前文表4-1中所述的四种省域类型,用以描绘不同省域范围内民营企业积极参与乡村振兴及提升创新绩效的可能演化途径(见图4-4),图中箭头方向表示如何通过外部环境因素(主要指优化区域制度环境、加强媒体关注程度;值得指出的是,其实行业竞争环境也具备一定的影响,但为了简洁,图4-4中未标注)来激励特定省域范围内民营企业达到参与乡村振兴及提升创新绩效的同步演化,进而真正构建民营企业参与乡村振兴的长效机制。比如,第三象限中"保守观察型"可以通过优化区域制度环境,进而演化为"稳步推进型";然后再通过加强媒体关注程度,进而演化为"同步拓展型"。

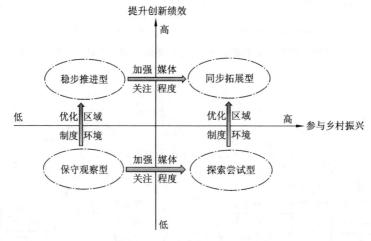

图4-4　激励民营企业积极参与乡村振兴与提升创新绩效途径的二维分析矩阵

第五节　结　　论

一、理论贡献与实践启示

本章研究为民营企业参与精准扶贫与其自身创新绩效在空间分布上的分异

给出了清晰的图示,并进而剖析了导致这种空间分异现象出现的前因要素,最后构建出理论模型来解释如何科学激励民营企业持续性参与乡村振兴,并为不同地域范围内民营企业参与乡村振兴及提升创新绩效指出了可能的演化途径。因此本章研究为民营企业参与乡村振兴行为理论体系的完善充实了内容,从民营企业参与乡村振兴的激励机制、优化路径等方面为农村经济学理论体系的丰富贡献了微薄的力量,能够为"乡村全面振兴,农业强、农村美、农民富全面实现"远景目标的实现提供理论思路和政策贡献。

本章研究实践启示在于:

(1) 通过有意识地加强对民营企业参与帮扶和乡村振兴行为的报道,能够有效激励民营企业参与乡村振兴工作;同时应当优化区域制度环境,激励民营企业提升创新绩效,为民营企业参与乡村振兴长效机制的形成奠定基础。

(2) 通过有意识地引导消费者更多地关注"消费者依赖型"民营企业,能够更为有效地强化这类民营企业的创新绩效,实现乡村振兴与创新绩效的共同提升。

(3) 借助前文分析所列出2016—2019年四种不同的扶贫与创新交互态势在不同省域范围上的空间分异显示,能够了解民营企业扶贫行为与创新绩效状态的空间分异状况,进而针对性通过对"媒体关注程度"和"区域制度环境"两个维度的优化,来实现连片区域内乡村振兴和创新绩效的共同跃迁。

(4) 可以考虑适当选择合适的民营企业为对象,吸引它们参与接受扶贫投入较少的地区的扶贫工作,如此可以在全局上实现乡村振兴工作的区域协调性,避免只是依靠"涓滴效应"来克服乡村振兴工作发展的非同步性,为经济发达地区与欠发达地区乡村之间共富的实现提供一些可行的思路。

二、研究不足与未来展望

第一,本章研究选择民营企业参与精准扶贫的状况作为基准,对民营企业参与乡村振兴的长效机制进行研究,属于研究初期较为笼统的推演。其实聚焦于民营企业产业扶贫状况,进而对民营企业参与乡村产业振兴长效机制的构建进行推演可能更具针对性,这也是我们未来努力的方向。

第二，本章研究以2016—2019年民营上市公司为样本进行实证分析，从时间维度、地域范围、研究方法三个方面而言均存在改进空间：首先将时间维度延伸至2020年以观察结论的稳健性就是即将开展的工作；其次可以聚焦于某个省域范围，对市县范围内民营企业参与乡村振兴长效机制的构建进行细化探讨；最后还可以结合田野调查、案例分析、扎根理论等方法对民营企业参与乡村振兴长效机制的构建进行纵向对比和质性研究。

第五章　民营企业参与乡村振兴长效机制
——精准扶贫对绩效异质性影响视角

第一节　引　言

随着脱贫攻坚战的全面胜利,"三农"工作重心转向了全面推进乡村振兴。党的十九届五中全会审议通过的《中共中央关于制定国民经济和社会发展第十四个五年规划和二〇三五年远景目标的建议》中强调"实现巩固拓展脱贫攻坚成果同乡村振兴有效衔接"和"坚持和完善社会力量参与帮扶"。同时乡村振兴的优先任务是在巩固脱贫成果基础上防止返贫,核心要义是推动实现农业农村现代化,而这二者都需要民营企业的高效参与,由此可见,探讨如何构建民营企业参与乡村振兴的长效机制势在必行。

现有很多文献都在探讨脱贫攻坚与乡村振兴有效衔接的问题,其中一个领域聚焦于"科学总结和推动脱贫攻坚经验在乡村振兴中的应用",学者们普遍认为精准扶贫行为在组织建设、体制机制、产业发展等方面的成功经验能够为乡村振兴工作提供宝贵知识财富,还能够从精准施策、压实责任、全面动员、自力更生等方面提供可供参考的实践举措。因此剖析民营企业参与精准扶贫的行为,能为探讨民营企业参与乡村振兴的长效机制提供参考。

毋庸置疑的是民营企业参与乡村振兴长效机制形成的前提之一就是需要保障其良好经营绩效的获得,因此如果能够明确参与精准扶贫对民营企业绩效的作用机制,就能够为如何激励民营企业参与乡村振兴提供参考。目前讨论参与精准扶贫对企业绩效影响的文献已有不少,其研究结论基本都支持:参与精准扶贫能够提升企业绩效水平,这一正向影响效应在民营企业中体现得更为明显,而且还受到企业所处地区市场化水平的影响。但是也有少许研究认为,企业在参与扶贫这类社会责任方面投入过高时,其绩效反而会下降,两者之间是"倒U形"或负向相关关系。

既然大部分文献都认为参与精准扶贫能够正向影响企业绩效,也即参与精准扶贫应当是民营企业的必然选择,或者至少是较为可行的战略决策,那么各个地域内,不同行业中的民营企业应当都会比较积极地参与精准扶贫,而且会在精准扶贫上投入相对较为丰富的资源。但通过研究民营上市公司年度报告可以看出,在2016—2019时间范围之内,有49.81%的民营企业从未参与过精准扶贫,连续四年都参与精准扶贫工作的民营企业仅5.41%。上述数据表明,民营企业在是否参与精准扶贫这一战略决策上表现出了较为明显的随机性。

通过对民营上市公司年报的进一步研究可以发现,在2016—2019年时间范围之内,所有参与精准扶贫民营企业之中,精准扶贫资金投入(包括现金投入+物资折款)占总营业收入的比例平均仅为0.1967%,其中有74.31%的民营企业该比例的数值低于0.1%。同时从地域范围来看,参与精准扶贫的民营企业比例(以下简称扶贫参与比例)、民营企业精准扶贫投入占总营业收入比例(以下简称扶贫投入强度)在趋势上出现了近似的反向变化趋势(见图5-1),这一有意思的现象也尚未得到理论方面的解释。

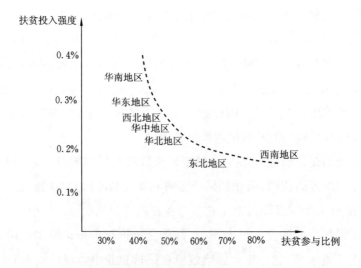

图5-1　2016—2019年各地区民营上市公司参与精准扶贫状况

另外本研究还发现,不同行业中民营企业参与精准扶贫的情况也存在较大的差异,因为行业种类众多,我们无法也没有必要进行细分行业的对比分析。通过对2016—2019年民营上市公司年度报告的手工整理,可以粗略地发现一个规律:凡是与消费者生活质量较为相关的行业(比如医药、食品、农副产品等),其中的民营企业的扶贫参与比例和扶贫投入强度都相对较高;而与生活质量相关程度较低的行业(比如网络游戏、房地产、快递等),其中的民营企业的扶贫参与比例和扶贫投入强度都相对较低。

如此就产生了两个问题:第一,目前民营企业参与精准扶贫与其绩效间关系的观点还存在不一致之处;第二,为何不同地域内、不同行业中参与精准扶贫民营上市公司在"扶贫参与比例"和"扶贫投入强度"两个指标上存在差异性。这两个问题目前均尚未得到理论上的合理解释,也成为本研究的切入点。同时考虑到乡村振兴与精准扶贫在逻辑上的紧密衔接,对上述两个问题的探究能有助于设计科学的政策来激励民营企业持续性参与乡村振兴。

本章研究认为民营企业参与精准扶贫的动机除了积极响应政策号召之外,也离不开提升自身绩效方面的考虑,但是绩效的提升可能会体现在两个不同的方面:①通过参与扶贫获得财政补贴、项目贴息贷款以及税收优惠等来直接提升当期的财务收益;②通过参与扶贫获得政府表彰进而提高合法性,或者通过参与扶贫获得更多的媒体报道进而提升自身的市场声誉。因此,民营企业绩效其实是一个综合性的评价指标体系,并不是仅仅通过销售收入、现金流、利润率等指标来体现,同时也可能通过市场地位、企业声誉、消费者口碑等指标来体现。如果所研究的样本是上市公司,则可以认为,民营上市公司绩效一方面以ROE(净资产收益率,Return on Equity)、ROA(资本回报率,Return on Asset)等财务指标来表征,另一方面以Tobin's Q等市场指标来衡量。

本章研究首先提出一个假设:上述两个问题的归因可能都与精准扶贫对民营企业绩效的异质性影响有关。第一,目前文献存在矛盾之处可能因为不同研究者所使用绩效的评价指标不同或者研究情境存在差异;第二,先期参与精准扶贫的行为对民营企业财务和市场绩效产生了异质性影响,进而导致后期不同地域内、不同行业中民营企业扶贫决策出现了迥异的状况,同时也导致不同地域内民营企业在"扶贫参与比例"和"扶贫投入强度"上出现了近似的反向演化规律。下面通过实证分析来验证该假设,这是本研究所拟实现的研究目标之一。

另外,本章研究还认为,民营上市公司的扶贫参与比例和扶贫投入强度均较低,同时从时间维度上是否参与扶贫的连续性来看,以及从同一民营企业不同年度内扶贫投入强度的差异性来看,同时从同一地域内各民营企业扶贫投入强度的离散性来看,民营企业的精准扶贫行为都存在着较为明显的随机性,缺乏持续性和稳健性的扶贫投入计划,这些现象都提示应当设计更为合理的政策体系来激励民营企业持续性参与乡村振兴。而且不同地域内、不同行业中民营企业的扶贫参与比例和扶贫投入强度存在较大差异,提示激励民营企业参与乡村振兴的政策体系也要具备一定的"精准特征",这是本研究所拟实现的研究目标之二。

第二节 研究设计

一、样本选择与数据收集

因为民营企业的经营资讯较难获知,参与精准扶贫的信息也不易收集,同时考虑到从2016年开始沪深交易所要求上市公司在年报"重要事项"的"社会责任情况"中"履行精准扶贫社会责任情况"披露参与扶贫的工作内容,本研究选取参与了精准扶贫的民营上市公司为样本开展实证检验,样本集合包括沪市、深市、中小板和创业板,原始数据源自CSMAR数据库、有数据缺失的样本通过CCER数据库、同花顺数据库、中国企业社会责任网、新浪财经网站信息补充。

本章研究将2016—2019年作为实证分析数据的时间区间,选择2016年作为时间区间起点的原因在于上市公司从该年起强制在年报中披露参与扶贫信息,这样可以有效保证实证分析样本集合的可对比性,并更为有效地延长数据的横向时间跨度;选择2019年作为时间区间终点的原因在于考虑到2017—2019年中民营企业参与扶贫和积极创新趋势的渐次增多,涵盖时效性最新的实证样本,能更为有效地保证本研究研究结论的稳健性。本研究最终得到1027个参与精准扶贫的民营企业样本,在2016—2019年时间区间内共获得2853个观测值。

参与精准扶贫投入的数据从企业年报中手工收集获得,以便准确解析精准扶贫的信息;同时在数据收集过程中,还通过企业社会责任报告、公司主页对参与扶贫行为新闻报道等途径对精准扶贫信息进行补充,本研究所指精准扶贫投入具体包括精准扶贫资金和物资折款数值;民营企业总营业收入的数据从企业年报"经营情况讨论及分析"部分获得,财务绩效数据从企业年报"公司简介和主要财务指标"部分计算得出,市场绩效从企业年报"财务报告"部分计算得出。为减轻异常值的影响,本研究还对所有连续变量进行了1%和99%百分位的winsorize处理。

二、变量与模型设定

本章研究的变量设定为:

(1) 因变量:使用净资产收益率(ROE)来衡量财务绩效,使用Tobin's Q来衡量市场绩效。

(2) 自变量:在收集实证数据过程中,本研究发现不同行业、不同规模民营上市公司精准扶贫资金和物资折款数额存在较大的差异,特别是经济发达和欠发达地区之间的差异就更大,这也就意味着使用扶贫资金投入的绝对值(或其自然对数值)来测度扶贫投入强度是不合适的,因此本研究使用"精准扶贫投入(包括现金投入+物资折款)占总营业收入比例"来衡量扶贫投入强度。

(3) 地域分组变量:参考洪佳莹(2018)的做法,按照民营上市公司(因数据收集问题,未包括港澳台地区)的注册地址,将样本按市场化水平低(中西部地区)、市场化水平高(东部地区)进行分组,市场化水平指数不同地域的划分依据来自《中国分省份市场化指数报告(2016)》。

(4) 行业分组变量:参考何贤杰等(2012)、王建玲等(2016)的研究,将证监会2012行业分类标准中高污染行业以及与社会公众生活质量安全健康密切相关的行业划分为社会责任敏感性行业,具体行业归属依据来自中国证券监督管理委员会2012年10月制定《上市公司行业分类指引》。

(5) 控制变量:本研究设定了企业规模、股权集中度、企业成长性、独立董事占比、成立年限和资产负债率作为控制变量。量化回归模型中自变量名称及其英文缩写见表5-1。

表 5-1　量化模型中的解释变量选择

变量	英文简称	计量方法
财务绩效	FP	净资产收益率 ROE（净利润与净资产平均值的比值）
市场绩效	MP	Tobin's Q
扶贫投入强度	TPA	精准扶贫投入（包括现金投入＋物资折款）占总营业收入比例
市场化指数	MAK	市场化水平低（中西部地区），市场化水平高（东部地区）
行业社会责任敏感性	ISR	证监会 2012 行业分类标准
企业规模	SIZE	企业年末总资产的自然对数值
股权集中度	TOP	第一大股东持股比例
企业成长性	GRO	总营业收入增长百分比
独立董事占比	IDR	独立董事人数占董事会总人数的百分比
成立年限	AGE	企业自成立到该年的年份数
资产负债率	LEV	总负债占总资产的百分比

本研究数据的时间跨度较小，参考已有文献，本研究采用 OLS 混合回归模型进行实证分析，下面公式中 ε 为扰动项，β_1 和 β_2 为实证研究中需要重点关注的相关系数。

$$FP = \alpha_1 + \beta_1 TPA + \gamma_{11} SIZE + \gamma_{12} TOP + \gamma_{13} GRO + \gamma_{14} IDR + \gamma_{15} AGE + \gamma_{16} LEV + \varepsilon_1$$

$$MP = \alpha_2 + \beta_2 TPA + \gamma_{21} SIZE + \gamma_{22} TOP + \gamma_{23} GRO + \gamma_{24} IDR + \gamma_{25} AGE + \gamma_{26} LEV + \varepsilon_2$$

三、实证研究顺序

考虑到本章研究将针对不同地域、不同行业中的民营企业展开分析，因此按照如下顺序进行实证分析。

（1）将收集到的所有民营上市公司作为全样本组进行回归分析，以检验民营企业精准扶贫投入对民营企业财务绩效与市场绩效所可能存在的异质性影响；

(2)用市场化水平指数作为分组变量,将收集到的民营上市公司样本区分为"市场化水平较低地域"和"市场化水平较高地域"两个组别,检验精准扶贫投入对财务绩效与市场绩效所可能存在的异质性影响;

(3)用行业社会责任敏感程度作为分组变量,将收集到的民营上市公司样本区分为"非社会责任敏感性行业"和"社会责任敏感性行业"两个组别,以检验精准扶贫投入对财务绩效与市场绩效所可能存在的异质性影响;

(4)为保证结果的有效性,从替换因变量的测度、变量滞后一期、工具变量法应用三个方面对结论进行稳健性检验。

第三节 实 证 分 析

一、描述性统计分析

首先进行了描述性统计分析,如表5-2所示,从财务绩效、市场绩效到扶贫投入强度来看,不同民营企业相应数据间的离散程度呈现逐次增加的趋势,并且财务绩效的离散程度相对低很多。表示不同地域、不同行业民营企业在精准扶贫方面的投入差异很大,这一点符合本研究引言中数据及图5-1所示;并且扶贫投入对民营企业绩效的影响更大程度上体现到了市场绩效方面。

表5-2 描述性统计分析

Variable	N	Mean	SD	Min	Max
FP	2853	0.107	0.306	−0.825	0.592
MP	2853	2.028	1.183	0.870	2.763
TPA	2853	0.264	1.872	0.001	10.873
SIZE	2853	20.115	1.121	16.742	27.679
TOP	2853	0.317	0.142	0.039	0.842
GRO	2853	0.211	0.587	−0.511	4.598
IDR	2853	0.325	0.053	0.000	0.600
AGE	2853	8.143	6.571	0.000	29.000
LEV	2853	0.375	0.194	0.011	2.317

二、实证分析

1. 全样本组回归分析

如表5-3所示,模型1和模型3的回归结果表明,扶贫投入强度对财务绩效存在正向影响,其系数为2.316,通过了5%水平的显著性检验;对市场绩效的影响未通过显著性检验;表示在其他条件相同的情况下,扶贫投入强度每提高1个单位,则民营企业的净资产报酬率相应提高2.316个单位,而市场绩效则未有明显变化。同时,为了保证结果的稳健性,本研究还加入了扶贫投入强度的平方项,考察扶贫投入强度与绩效之间是否存在非线性关系,即模型2和模型4,结果表明,虽然扶贫投入强度平方项的系数为正,但均没有通过显著性检验,因此可以认为扶贫投入强度与绩效之间不存在"U"形或"倒U"形关系。综上所述,扶贫投入强度对民营企业财务绩效存在正向影响,对市场绩效则不存在显著影响。

表5-3 扶贫投入强度对民营企业财务绩效与市场绩效的影响(全样本组)

Variable	FP(ROE)		MP(Tobin's Q)	
	模型1	模型2	模型3	模型4
TPA	2.316**	−1.267	1.475	−0.854
	(1.92)	(−0.41)	(1.16)	(−0.37)
TPA^2		1.305		1.167
		(1.12)		(1.04)
SIZE	1.245***	1.241***	1.172**	1.165**
	(3.92)	(3.89)	(3.74)	(3.71)
TOP	0.026	0.029	0.032	0.037
	(1.02)	(1.04)	(1.09)	(1.14)
GRO	0.031**	0.030**	0.047**	0.043**
	(3.47)	(3.42)	(3.64)	(3.57)
IDR	−0.017	−0.016	−0.021	−0.019
	(−0.51)	(−0.51)	(−0.53)	(−0.52)

续表

Variable	FP(ROE)		MP(Tobin's Q)	
	模型1	模型2	模型3	模型4
AGE	0.284***	0.289***	0.276**	0.281**
	(3.27)	(3.31)	(3.18)	(3.22)
LEV	−0.102**	−0.104***	−0.117**	−0.121**
	(−3.94)	(−4.03)	(−4.06)	(−4.09)
Constant	−7.894***	−7.821***	−5.908***	−5.893***
	(−1.74)	(−1.76)	(−1.85)	(−1.83)
N				
R^2	0.196	0.199	0.287	0.296
Adj. R^2	0.152	0.154	0.249	0.253
F	4.761***	4.853***	6.413***	6.537***

注：括号中为 t 值，***表示通过1%水平的显著性检验，**表示通过5%水平的显著性检验，*表示通过10%水平的显著性检验。

2. 市场化水平为分组变量的回归分析

由引言所述可知，不同地域内民营企业的扶贫行为存在明显差异，且不同地域中民营企业扶贫参与比例与扶贫投入强度之间还存在着近似的反向变化趋势，这就需要我们对地域属性进行解析并分组分析。下面我们按照市场化水平指数，将样本区分为"市场化水平较低地域"和"市场化水平较高地域"两个组别，进行回归分析。

如表5-4所示，模型5和模型6的回归结果表明，市场化水平较低地域内民营企业扶贫投入强度对财务绩效存在正向影响，且系数增大为2.743，通过了5%水平的显著性检验；对市场绩效的影响效应有所降低，且依然未通过显著性检验。模型7和模型8的回归结果表明，市场化水平较高地域内民营企业扶贫投入强度对财务绩效存在正向影响，且系数减少为1.852，通过了5%水平的显著性检验；对市场绩效存在正向影响，系数增大为1.607，且通过了10%水平的显著性检验。

表 5-4 扶贫投入强度对民营企业财务绩效与市场绩效的影响(基于市场化水平的地域分组)

变量	市场化水平较低地域		市场化水平较高地域	
	FP(ROE)	MP(Tobin's Q)	FP(ROE)	MP(Tobin's Q)
	模型 5	模型 6	模型 7	模型 8
TPA	2.743**	1.034	1.852**	1.607*
	(2.35)	(0.87)	(1.64)	(1.45)
SIZE	1.426***	1.540***	1.023**	1.586**
	(4.17)	(3.06)	(3.18)	(4.61)
TOP	0.037	0.024	0.021	0.031
	(1.14)	(0.69)	(0.85)	(1.57)
GRO	0.039***	0.039**	0.026**	0.046**
	(4.21)	(2.59)	(2.93)	(4.38)
IDR	−0.022	−0.018	−0.014	−0.027
	(−0.55)	(−0.62)	(−0.43)	(−0.53)
AGE	0.306***	0.211***	0.225**	0.343**
	(3.58)	(2.89)	(2.61)	(3.51)
LEV	−0.118**	−0.096***	−0.084***	−0.124**
	(−4.06)	(−3.25)	(−3.37)	(−5.34)
Constant	−8.105***	−6.725***	−5.762***	−4.531***
	(−1.82)	(−1.97)	(−2.19)	(−2.27)
N				
R^2	0.215	0.198	0.171	0.378
Adj. R^2	0.164	0.143	0.138	0.356
F	5.026***	4.417***	4.093***	7.824***

注:括号中为 t 值,***表示通过1%水平的显著性检验,**表示通过5%水平的显著性检验,*表示通过10%水平的显著性检验。

3. 行业社会责任敏感程度为分组变量的回归分析

由引言所述可知,不同行业中民营企业的扶贫行为存在明显差异,这就需要我们对行业特征进行解析并分组分析。下面我们根据行业社会责任敏感程度,将样本区分为"非社会责任敏感性行业"和"社会责任敏感性行业"两个组别,进行回归分析。

如表5-5所示,模型9和模型10的回归结果表明,非社会责任敏感性行业中民营企业扶贫投入强度对财务绩效存在正向影响,且系数减少为1.622,通过了5%水平的显著性检验;对市场绩效的影响有所降低,且依然未通过显著性检验。模型11和模型12的回归结果表明,社会责任敏感性行业中民营企业扶贫投入强度对财务绩效存在正向影响,且系数增大为2.807,并且通过了1%水平的显著性检验;对市场绩效存在正向影响,系数增大为1.713,并且通过了5%水平的显著性检验。

表5-5 扶贫投入强度对民营企业财务绩效与市场绩效的影响(基于社会责任敏感性的行业分组)

变量	非社会责任敏感性行业		社会责任敏感性行业	
	FP(ROE)	MP(Tobin's Q)	FP(ROE)	MP(Tobin's Q)
	模型9	模型10	模型11	模型12
TPA	1.622**	1.124	2.807***	1.713**
	(1.35)	(1.02)	(2.13)	(1.24)
SIZE	1.175***	0.937***	1.742**	1.345**
	(3.24)	(2.98)	(4.03)	(4.12)
TOP	0.023	0.027	0.034	0.035
	(1.04)	(0.92)	(1.21)	(1.33)
GRO	0.027**	0.038**	0.047**	0.053**
	(2.56)	(3.01)	(3.51)	(3.87)
IDR	−0.016	−0.019	−0.028	−0.026
	(−0.43)	(−0.40)	(−0.65)	(−0.60)
AGE	0.211***	0.215***	0.317**	0.332**
	(2.84)	(2.79)	(3.42)	(3.48)
LEV	−0.141**	−0.098***	−0.143**	−0.122**
	(−3.28)	(−3.74)	(−3.68)	(−4.25)
Constant	−5.746***	−6.635***	−7.549***	−4.902***

续表

变量	非社会责任敏感性行业		社会责任敏感性行业	
	FP(ROE)	MP(Tobin's Q)	FP(ROE)	MP(Tobin's Q)
	模型 9	模型 10	模型 11	模型 12
Constant	(−2.17)	(−1.58)	(−1.43)	(−2.26)
N				
R^2	0.183	0.236	0.241	0.324
Adj. R^2	0.146	0.205	0.195	0.289
F	4.109***	5.217***	5.872***	6.751***

注:括号中为 t 值,***表示通过1%水平的显著性检验,**表示通过5%水平的显著性检验,*表示通过10%水平的显著性检验。

第四节　稳健性分析

为保证研究结论的稳健性和普适性,本研究进行如下三个方面的稳健性检验,限于篇幅,此处只列出了全样本组的稳健性分析数据。

一、替换因变量的测度方法

因为财务绩效和市场绩效都可以通过一系列的指标体系进行衡量,参考张玉明等(2019)和王帆等(2019)的研究,使用ROA(总资产报酬率)作为财务绩效的替代变量;同时参考刘林(2016)的研究成果,使用市盈率(PER)作为市场绩效的替代变量;计算结果如表5-6,结果表明,替换因变量的测度方法并没有改变本研究的结果。

表5-6　扶贫投入强度对民营企业财务绩效与市场绩效的影响

(稳健性分析,替换因变量的测度方法)

变量	FP(ROA)		MP(PER)	
	模型 13	模型 14	模型 15	模型 16
TPA	1.524**	−0.903	1.056	−0.718

续表

变量	FP(ROA)		MP(PER)	
	模型 13	模型 14	模型 15	模型 16
TPA	(1.06)	(−0.32)	(0.82)	(−0.29)
TPA^2		1.127		1.134
		(0.89)		(0.81)
SIZE	0.916***	1.108***	1.051**	1.047**
	(2.97)	(2.95)	(3.09)	(3.12)
TOP	0.018	0.018	0.024	0.025
	(0.76)	(0.76)	(0.83)	(0.86)
GRO	0.022**	0.022**	0.026**	0.024**
	(2.64)	(2.63)	(2.91)	(2.73)
IDR	−0.014	−0.012	−0.018	−0.020
	(−0.42)	(−0.39)	(−0.45)	(−0.49)
AGE	0.201***	0.206***	0.223**	0.229**
	(2.81)	(2.40)	(0.86)	(3.07)
LEV	−0.083**	−0.095***	−0.104**	−0.107**
	(−2.37)	(−3.31)	(−3.32)	(−3.52)
Constant	−5.472***	−5.475***	−4.238***	−4.243***
	(−2.35)	(−2.33)	(−2.73)	(−2.71)
N				
R^2	0.162	0.167	0.235	0.242
Adj. R^2	0.139	0.142	0.204	0.209
F	4.085***	4.113***	5.076***	5.143***

注：括号中为 t 值，***表示通过1%水平的显著性检验，**表示通过5%水平的显著性检验，*表示通过10%水平的显著性检验。

二、内生性问题检验

考虑到"扶贫投入强度的增加,帮助民营企业提升了绩效水平"和"由于民营企业绩效水平较好,因而加大了扶贫投入强度"这两种现象都可能存在,因此扶贫投入强度与民营企业绩效之间可能面临着互为因果的内生性问题,通过变量滞后一期的方法来检验该问题,即将扶贫投入强度与控制变量滞后一期,探究其与当期民营企业绩效的关系,以此来控制内生性。滞后一期回归的结果显示(见表5-7),扶贫投入强度对民营企业财务绩效仍然存在正向影响,对市场绩效仍然不存在显著影响,因此在一定程度上说明内生性问题并没有改变本研究的结论。

表5-7 扶贫投入强度对民营企业财务绩效与市场绩效的影响
(稳健性分析,变量滞后一期检验)

变量	FP(ROE)		MP(Tobin's Q)	
	模型17	模型18	模型19	模型20
TPA	1.407**	−0.895	0.916	−0.623
	(1.01)	(−0.31)	(0.78)	(−0.26)
TPA^2		1.091		1.098
		(0.86)		(0.79)
SIZE	0.902***	0.894***	1.044**	1.045**
	(2.88)	(2.85)	(3.11)	(3.08)
TOP	0.017	0.018	0.022	0.024
	(0.74)	(0.75)	(0.81)	(0.83)
GRO	0.020**	0.021**	0.024**	0.023**
	(2.61)	(2.60)	(2.82)	(2.74)
IDR	−0.013	−0.012	−0.016	−0.017
	(−0.40)	(−0.39)	(−0.49)	(−0.48)
AGE	0.196***	0.199***	0.219**	0.215**

续表

变量	FP(ROE)		MP(Tobin's Q)	
	模型 17	模型 18	模型 19	模型 20
AGE	(2.84)	(2.87)	(2.94)	(2.95)
LEV	−0.093**	−0.094***	−0.101**	−0.104**
	(−3.21)	(−3.27)	(−3.41)	(−3.47)
Constant	−5.316***	−5.322***	−4.201***	−4.205***
	(−2.47)	(−2.43)	(−2.79)	(−2.78)
N				
R^2	0.159	0.163	0.230	0.227
Adj. R^2	0.136	0.138	0.196	0.201
F	4.011***	4.057***	4.853***	4.982***

注：括号中为 t 值，***表示通过1%水平的显著性检验，**表示通过5%水平的显著性检验，*表示通过10%水平的显著性检验。

三、工具变量法检验

因为同一行业中的企业行为往往存在着"同伴效应"，所以民营企业参与扶贫这一决策可能会不自觉地受到行业中其他企业的影响，但是其绩效水平一般不会受到行业中其他企业是否扶贫以及扶贫投入强度水平的影响。综上，本研究选取了同一行业中其他民营企业扶贫投入强度的平均值作为工具变量，来进行实证检验。表5-8中的OPA-TPA为扶贫投入强度的代理变量，其计算结果表明，扶贫投入强度对民营企业财务绩效仍然存在正向影响，对市场绩效仍然不存在显著影响。综上所述，实证研究的结果是稳健的。

表5-8 扶贫投入强度对民营企业财务绩效与市场绩效的影响
（稳健性分析，工具变量法检验）

变量	FP(ROE)		MP(Tobin's Q)	
	模型 1	模型 2	模型 3	模型 4
OPA-TPA	3.128**	−1.712	1.794	−1.081
	(2.47)	(−0.55)	(1.34)	(−0.43)

续表

变量	FP(ROE)		MP(Tobin's Q)	
	模型 1	模型 2	模型 3	模型 4
OPA-TPA^2		1.745		1.357
		(1.47)		(1.17)
SIZE	1.574***	1.569***	1.285**	1.341**
	(4.29)	(4.21)	(4.12)	(4.25)
TOP	0.034	0.032	0.036	0.041
	(1.46)	(1.41)	(1.24)	(1.36)
GRO	0.041**	0.036**	0.054**	0.051**
	(4.28)	(4.09)	(4.13)	(4.07)
IDR	−0.022	−0.020	−0.024	−0.020
	(−0.67)	(−0.61)	(−0.62)	(−0.59)
AGE	0.371***	0.384***	0.315**	0.329**
	(4.16)	(4.25)	(3.66)	(3.81)
LEV	−0.142**	−0.149**	−0.132**	−0.141**
	(−4.63)	(−4.91)	(−4.51)	(−4.62)
Constant	−10.783***	−10.859***	−8.427***	−8.514***
	(−4.95)	(−4.92)	(−5.46)	(−5.42)
N				
R^2	0.261	0.269	0.337	0.356
Adj. R^2	0.227	0.234	0.296	0.308
F	5.623***	5.817***	6.948***	7.015***

注：括号中为 t 值，***表示通过1%水平的显著性检验，**表示通过5%水平的显著性检验，*表示通过10%水平的显著性检验。

第五节　理论诠释及政策设计

一、参与扶贫对绩效异质性影响机制：一个理论模型的构建

通过前文实证研究可知：参与精准扶贫对民营企业的财务绩效与市场绩效产生了异质性的影响。考虑到民营企业参与扶贫可能获得相关的扶贫项目补贴、项目贴息贷款以及税收优惠政策，进而在近期就提升收入水平和降低资金成本，因此短期内提升财务绩效。同时参与扶贫还可能获得媒体的青睐，从而提高自己在行业内经营的合法性，获得更多更好的消费者认可，赢得更为持久的市场声誉，保证自身在中长期内受到资本市场的更多关注，提振外部资本对企业未来的信心水平，因而在中长期内提升市场绩效。本章研究设计出了如图5-2所示的理论模型来解释参与扶贫对民营企业绩效异质性影响的作用原理。

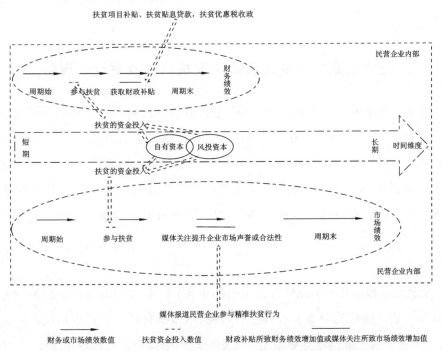

图5-2　参与精准扶贫对民营企业财务绩效与市场绩效的异质性影响机制

同时该模型还可以为图5-1中不同地域内民营企业在"扶贫参与比例"和"扶贫投入强度"两个指标上近似的反向演化规律给出一个理论诠释:随着区域市场化水平的降低,扶贫投入强度对民营企业财务绩效的正向影响程度增加,对市场绩效的影响程度降低;随着区域市场化水平的提升,扶贫投入强度对财务绩效的影响程度降低,对市场绩效的影响程度增加。考虑到民营企业制定扶贫战略是一个动态的过程,先期"扶贫投入强度"对绩效的异质性效应会影响后期的扶贫战略制定,同时考虑到税收优惠、扶贫贴息贷款、扶贫项目扶持等财政补贴资源能够带来直接和及时性的财务收益,因此可以认为财务绩效的提升与民营企业"扶贫参与比例"存在正向关联。如果考虑到一定地域范围内扶贫补贴资源总量的有限性,民营企业将投入多少资源用于扶贫,就要看参与扶贫能否提升市场绩效水平,进而保障自身的持续经营能力和竞争优势,因此可以认为市场绩效的提升与民营企业"扶贫投入强度"存在正向关联。因此,对于市场化水平较低的区域而言,其中民营企业因财务绩效的快速提升而导致"扶贫参与比例"较高,同时因市场绩效的降低而导致"扶贫投入强度"较低;市场化水平较高区域的情况则正好相反。

二、民营企业参与乡村振兴长效机制的政策设计思路

前文实证分析结论表明:整体而言,扶贫投入强度对民营企业财务绩效存在正向影响,对市场绩效则不存在显著影响。但是随着区域市场化水平的降低,扶贫投入强度对财务绩效的正向影响程度增加;随着区域市场化水平的提升,扶贫投入强度对市场绩效的影响从"不显著"变为"通过10%水平的显著性检验"。随着行业社会责任敏感性的提升,扶贫投入强度对财务绩效的正向影响程度增加,扶贫投入强度对市场绩效的影响"不显著"变为"通过5%水平的显著性检验"。

上述结论提示我们可以结合地域与行业两个因素,设计能够"精准"激励民营企业参与扶贫的政策。为了达到这一目的,本章研究将所有样本按照市场化水平、是否社会责任敏感性行业两个维度划分为四个组别:"低市场化水平、非社会

责任敏感性""低市场化水平、社会责任敏感性""高市场化水平、非社会责任敏感性""高市场化水平、社会责任敏感性",来分别检验民营企业扶贫投入强度对财务绩效和市场绩效的影响效应。

另外由图5-2所描述的作用原理来看,短期内财务绩效的增加更多地来源于财政补贴的支持,中长期内市场绩效的增加往往来源于媒体关注导致的声誉提升。因此,通过财务绩效的提高来激励民营企业参与扶贫,可以考虑增加财政补贴;而通过市场绩效的提高来激励民营企业参与扶贫,可以考虑强化媒体报道。

表5-9将汇报如下内容:不同地域内和不同行业中扶贫投入强度对民营企业绩效的异质性影响、典型的省域和行业代表,以及针对性的激励政策设计。为了更为清晰地诠释民营企业参与乡村振兴长效机制的差异性激励政策设计思路,我们还绘制了如下的二维分析矩阵(见图5-3)来归纳能够"精准"激励民营企业参与乡村振兴的政策思路。限于篇幅,表5-9中仅列出扶贫投入强度与绩效的回归系数以及显著性水平,表5-9中"＋"代表"增加财政补贴"和"强化媒体关注"两种政策的强度水平。

表5-9　扶贫投入强度对不同地域与行业中民营企业绩效异质性影响及参与乡村振兴的相应激励政策设计

地域的市场化水平	行业的社会责任敏感性	扶贫投入强度对民营企业绩效的异质性影响		典型的省份及行业	激励民营企业积极参与乡村振兴长效机制的政策设计思路	
		财务绩效	市场绩效		增加财政补贴	强化媒体关注
低	非社会责任敏感	2.126**	0.736	甘肃、房地产	＋＋＋	微弱
低	社会责任敏感	2.908**	1.305*	四川、食品制造	＋＋＋＋	＋
高	非社会责任敏感	1.203**	1.249	广东、快递	＋＋	微弱
高	社会责任敏感	2.374**	1.861*	上海、医药	＋＋＋	＋＋

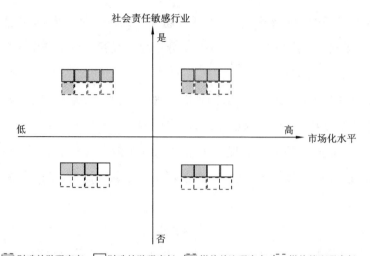

图 5-3 激励民营企业参与乡村振兴长效机制构建的政策设计二维分析矩阵

基于此,表 5-9 可以从量化数据方面合理诠释引言部分通过原始数据收集所发现的问题,并为民营企业参与乡村振兴长效机制的构建给出相应激励政策设计思路:

(1) 从地域范围来看,低市场化水平地域内扶贫投入强度对财务绩效的影响效应更大($2.126^{**} > 1.203^{**}$,$2.908^{**} > 2.374^{**}$),因此该地域内民营企业的"扶贫参与比例"会相对较高。高市场化水平地域内扶贫投入强度对市场绩效的影响效应更大($1.861^{*} > 1.305^{*}$),因此该地域内民营企业的"扶贫投入强度"会相对较高。

(2) 从行业属性来看,社会责任敏感性行业中扶贫投入强度对财务绩效的影响效应更大($2.908^{**} > 2.126^{**}$,$2.374^{**} > 1.203^{**}$),因此该行业中民营企业的"扶贫参与比例"会相对较高。同时社会责任敏感性行业中扶贫投入强度对市场绩效的影响效应也更大($1.305^{*} > 0.736$,且后者不显著;$1.861^{*} > 1.249$,且后者不显著),因此该行业中民营企业的"扶贫投入强度"也会相对较高。

(3) 以"增加财政补贴"为保障民营企业提升财务绩效的手段,以"强化媒体关注"为保障民营企业提升市场绩效的途径,我们可以设计出具备一定"精准特征"的激励参与扶贫政策体系(此处值得指出的是:其实在一定程度上"增加财政补贴"也存在对市场绩效提升的正向影响,"强化媒体关注"也存在对财务绩效提升的正向影响,只是这种影响程度相对较弱,为了表述的简洁和绘图的方便而未列出)。为了方便例证,我们还在表5-9中给出了激励政策设计的典型地域和行业,另外还通过如图5-3为激励不同地域内和行业中民营企业参与乡村振兴长效机制的构建提出了一种"按图索骥"式的政策设计思路。比如,对于第一象限中"市场水平较高地域、社会责任敏感性行业"内民营企业而言,较高的(＋＋＋)的财政补贴水平,以及中等的(＋＋)媒体关注程度是较为合适的激励政策组合,能够较为高效和持续性地激励民营企业参与乡村振兴并形成稳定的长效发展机制。

第六节 结 论

一、研究结论

本章研究将民营企业绩效解析为财务绩效与市场绩效两个异质性的类别,应用2016—2019年民营上市公司作为样本,使用市场化水平指数和行业社会责任敏感性为分类变量,就民营企业参与精准扶贫对其绩效的异质性进行了实证分析。计算结果显示,市场化水平较低地域内民营企业参与扶贫,能提升财务绩效,同时却降低市场绩效;行业社会责任敏感程度较高行业中民营企业参与扶贫,既能提升财务绩效,也能提升市场绩效。本章研究据此构建出能够解释上述实践现象和实证结果的理论模型,并为不同地域和行业中民营企业参与乡村振兴长效机制提出了一种"按图索骥"式的政策设计思路。

二、理论贡献与实践启示

本章研究将民营企业参与精准扶贫的经济后果区分为财务绩效和市场绩效,实证分析了不同地域内、不同行业中民营企业参与精准扶贫对两种绩效的异质性影响效应,为目前民营企业参与精准扶贫与其绩效间关系研究成果的矛盾之处给出了一个尝试性的诠释。同时还对不同地域内民营上市公司"扶贫参与比例"和"扶贫投入强度"两个指标近似反向变化这一现象给出了一个合理的理论解释。因此本研究为民营企业参与乡村振兴行为理论体系的完善充实了内容,从科学激励民营企业参与乡村振兴的角度为农村经济学理论体系的丰富贡献了微薄的力量。

本章研究实践启示在于：

（1）财务绩效相对偏向短期目标，因此主要可以通过增加财政补贴的方式激励民营企业参与乡村振兴；市场绩效相对偏向中长期目标，因此主要可以通过强化媒体关注的方式激励民营企业参与乡村振兴。

（2）根据民营企业总部所在地和主业的社会责任敏感性两个维度，可以将民营企业划分为四个组别，然后从增加财政补贴和强化媒体关注两个方面采取"按图索骥"的方式设计政策来"精准"激励民营企业参与乡村振兴。

（3）可以考虑前瞻性地甄选合适的民营企业为对象，通过政策设计引导他们积极参与帮扶投入水平较少地区的乡村振兴工作，如此可以在全局上实现乡村振兴的区域协调性。

三、研究不足与未来展望

第一，本章研究使用ROE来衡量财务绩效、Tobin's Q来衡量市场绩效，属于探索性分析，虽然成功解释了之前研究成果中的矛盾之处，并为"扶贫参与比例"和"扶贫投入强度"的反向变化现象给出了合理解释。但根据研究情境的不同，还有很多指标可用于衡量财务和市场绩效，未来将使用更多类型指标进行实证分析，与本研究结论进行对比。

第二，本章研究以2016—2019年民营上市公司为样本进行实证分析，因此就有三个方面可以完善：①将时间维度延伸至2020年以观察本研究结论的稳健性；②未来可以聚焦于某个省域范围，对精准激励市县范围内民营企业参与乡村振兴的方式进行细化探讨；③选择合适的民营企业样本进行动态跟踪和对比分析，从质性研究的角度完善民营企业参与乡村振兴与其绩效间关系的理论体系。

第六章　民营企业参与乡村振兴长效机制
——资源拼凑对乡村技术创业影响视角

第一节　引　言

随着"大众创业、万众创新"的兴起,创业活动在我国经济社会发展进程中所起的作用越发关键,在很多区域经济的演化轨迹中,创业企业的发展态势已成为一个关键的控制变量,而技术创业企业则更是关系到了很多区域新兴产业的孵化和持续发展效果。技术创业的突出特征在于以技术创新活动为导向,结合商业模式创新将新型技术产业化,属于典型的科技驱动型创业活动。与一般性技术创业相比,基于乡村养殖种植技术的创业行为所面临的知识升级更快、所身处环境的动荡性更强、所蕴含的风险更高,其失败的概率也更大。

面对外部市场资讯数量呈几何级数增长,技术标准和研发图谱不断升级、颠覆式创新模式大量涌现,跨界竞争态势日趋明显等状况,技术创业企业势必构建出符合自身状况的创业学习机制,以提升组织的适应性和成长性。这一点在乡村技术创业企业中体现得尤为明显,因为乡村技术创业所关注的往往并不是普通的生存驱动型创业机会,而是以新技术研发及其商业化为导向的创新驱动型创业机会。

同时,作为传统行业颠覆性创新的参与者,乡村技术创业企业的资源储备往往比较匮乏,传统理论一般认为资源的数量与技术创新绩效存在正向关联,因此乡村技术创业企业首先需要提升其获取外部资源的能力,但是近年来的一些研究成果发现,受到资源约束的组织也可能产生较好的技术创新成效。资源拼凑理论较好地诠释了这种现象,该理论以建构主义视角解析新创企业的成长途径,认为创业者创造性地组合利用和即兴配置现有的零散、低价值资源,能够以即兴行为的方式快速把握市场机会,构建和维系竞争优势。同时,对被忽视甚至被拒绝资源的选择性拼凑(Selective Bricolage),能够帮助新创企业强化对自身创业背景经验和外部异质性知识的识别和认知,因此资源拼凑行为还可能对创业学习活动产生影响。

乡村技术创业是目前乡村企业及广大农户创业活动的主流模式,创业学习是乡村技术创业成功的先决条件,资源拼凑是乡村技术创业成功以及创业学习发挥作用的关键情境。据此,本章研究将创业学习和资源拼凑作为乡村技术创业的前因变量,同时将资源拼凑作为创业学习与乡村技术创业关系的调节变量,探讨二者对技术创业的作用机制。同时,考虑到与成熟企业相比,乡村技术创业企业会陆续面临生存与发展两个问题,因此本章研究将从初创和早期成长两个不同的阶段对创业学习、资源拼凑和乡村技术创业三者之间的关系进行理论推演。

第二节 概念界定

一、创业学习

20世纪80年代之后,创业研究逐步聚焦于创业过程和行为,其研究重点集中于创业过程中知识的获取和转化问题,因此创业学习构念成了研究热点。虽然已有很多学者对创业学习进行了较为全面的研究,影响力较高的期刊也开展了专门关注创业学习的专题探讨,但相对创业学其他领域的研究成果而言,创业学习尚缺乏较为通用的概念界定和维度划分。

在学习和借鉴学术界已有观点的基础上,本章研究发现,目前学者们普遍认同创业学习的后因是创业知识和能力的提升。因此本章研究将创业学习构念界定为:将所获取知识进行整合和转化,从而有利于创业者提升创业绩效的过程。而创业学习的实施途径则主要有两种,其一是创业者根据自身在创业前和创业过程中积累的经验来创造知识和提升能力,其二是创业者在创业前和创业过程中不断观察同行业和关联行业中的成功企业和失败企业,进而采取"模仿性创新"和"失败陷阱规避"的方式来获取创业成功。

在创业学习构念的维度划分上,目前国内比较主流的观点有两种,一是从组织层面上解析为探索式学习和利用式学习,二是从个人层面上解析为经验学习、认知学习和实践学习,或者解析为经验学习和认知学习。其中组织层面的研究成果比较适用于结构体系完整的创业组织,在创业组织的初创和早期成长过程中是否适用还需要进一步的验证。考虑到本研究的因变量为技术创业,其组织结构可能存在较强的柔性,创业者自身能力可能会对企业的发展起到关键作用,因而本章研究选择从个人层面来解析创业学习这一概念。

同时考虑到技术创业的产业发展导向正逐渐由传统行业向新兴产业转移,其经验学习和认知学习在创业伊始就存在于"产业组织不确定性"的情境之中,并会随时对创业者的实践活动产生影响。所以本章研究借鉴学者蔡莉的观点,将创业学习划分为经验学习和认知学习两个维度来进行研究,这一思路与 Warschaue（1998）的观点一致,他认为学习包括两种渠道:做中（Doing）学以及交流（Talking）中学习。

在本章研究过程中,经验学习指的是在创业组织内部,创业者在动态的演化情境中亲身实践获取知识并总结归纳为创业经验的活动;而认知学习指的是创业者通过对组织外部环境进行不断的观察、模仿和交流来获得间接知识的活动。

二、资源拼凑

拼凑（Bricolage）理论研究始于法国人类学家 Levi Strauss 的研究,拼凑理论认为,对于资源匮乏的组织而言,与其专注于如何获取自身发展所需的各类资源,不如聚焦于如何实现对现有资源的最佳使用,其实施途径主要是对手头零散资源或冗余资源进行创造性组合和即兴配置。不难看出,资源拼凑理论比较适用于新创企业,可视为缺乏要素禀赋和组织合法性的新创企业实施创新行为的合理途径。

近年来的理论研究表明,资源拼凑活动往往能够创造性地克服新创企业的诸多阻碍,特别是当绝佳机遇或致命威胁来临时,使用资源拼凑方法所取得的成效甚至远超预先的资源规划体系。国外的相关研究认为,资源拼凑一般包括三个核心要素:奏效思维、手边资源驱动和重组资源行为。

目前针对资源拼凑后因变量的研究相对比较集中，主要聚焦在推进创业机会识别、企业创新活动、资源配置效率、企业成长效果等方面。同时还有部分学者对资源拼凑的前因变量展开探讨，其研究视角主要集中于创业网络、创业导向等维度，但就目前的文献梳理来看，这些理论推演和实证研究的成果还缺乏一致性。

三、技术创业

目前新兴技术交替更迭，商业模式创新也不断涌现，但是技术资源的独特性和难以替代性较难得到保障，主要原因在于行业技术标准的存续时间被压缩、企业组织跨界竞争趋势加剧，互联网嵌入导致的模仿式创新流行等。这种技术转化的内生性风险导致目前技术创业范式大行其道。技术创业属于创业的一种特殊形式，始于创业者依据自身经验和对市场需求的分析，判断新技术潜在商业价值所引发的创业机会，对各种利益相关者的资源进行获取、整合和转化，针对潜在的技术机会进行产品开发，以高效的工艺创新进行规模化定制，以有效的终端市场收益和社会价值认可为最终目的。

第三节　模型构建及理论诠释

技术创业的本质就是破坏性创新，其蕴涵的经营风险和失败概率都相应较大，创业者所需知识资源的丰度要求也相应较高。因此相对一般性创业活动而言，乡村技术创业会更加依赖于创业学习，但创业学习所催生的知识资源和创新能力，将可能以更为复杂的机制作用于乡村技术创业绩效。本章研究认为创业学习对乡村技术创业的影响是一种非线性形态，并且处于动态演化的进程之中，借鉴朱秀梅和李明芳、蔡莉和单标安的研究，将新创企业区分为初创阶段（企业年龄小于等于3年）和早期成长阶段（企业年龄介于3—8年），就创业学习、资源拼凑与乡村技术创业三者之间的关系设计出如图6-1所示的理论模型。同时将创业学习在初创和早期成长阶段对乡村技术创业的作用机制进行具体阐述（见图6-2），将资源拼凑在初创和早期成长阶段对乡村技术创业的作用机制进行具体阐述（见图6-3）。

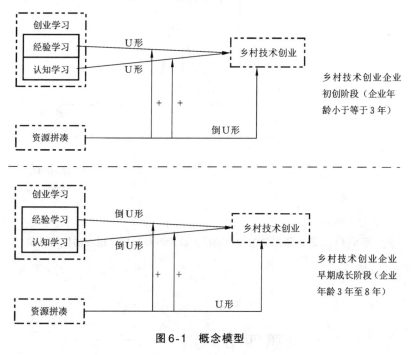

图6-1 概念模型

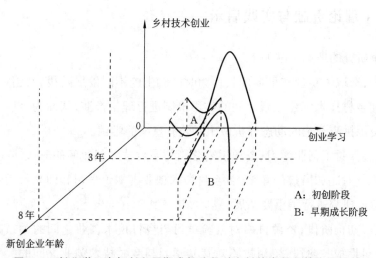

图6-2 创业学习在初创和早期成长阶段对乡村技术创业的作用机制

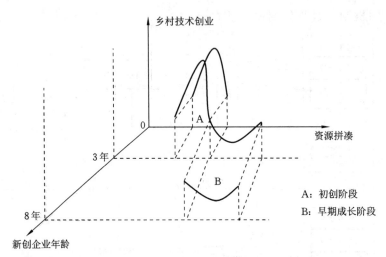

图6-3 资源拼凑在初创和早期成长阶段对乡村技术创业的作用机制

第四节 结 论

一、理论贡献与实践启示

本章研究的理论贡献如下。

第一,选取了初创和早期成长作为时间轴上的不同发展阶段,对创业学习、资源拼凑和乡村技术创业三者之间的作用机制进行理论推演,从而为今后关于创业学习和资源拼凑理论的动态分析做出了较有意义的尝试。

第二,探讨了创业学习、资源拼凑分别与乡村技术创业间的非线性关系,从纵向时间维度对比和衔接的角度,就乡村技术创业者知识学习和即兴行为促进创业绩效问题的研究进行了重要拓展。

第三,初创阶段,资源拼凑对经验学习与乡村技术创业之间的关系起正向调节作用;早期成长阶段,资源拼凑对认知学习与乡村技术创业之间的关系起正向调节作用。这一理论推演结果能有效地为提升创业学习与资源拼凑在影响乡村技术创业方面的协同作用提供可行思路。

本章研究的实践启示如下。

第一,在乡村技术创业的深入发展过程中,创业者应当随时关注对外界新颖知识的吸收、整合和显性化,同时对自身的固有技术经验和认知能力进行完善,这样能够让创业学习对乡村技术创业的正向影响持续时间较长。另外,乡村创业者还要关注行业内可能的颠覆性技术创新思路,尽量避免或者降低创业学习对乡村技术创业的负向影响。

第二,对于乡村技术创业企业而言,早期资源严重匮乏时,应当尽量强化资源拼凑的作用,以首先保证自身的生存。随着创业过程的推进,则应当在随机的即兴行为和规范的创意设计二者之间谋求动态的平衡,特别是要随时关注稍纵即逝的技术空隙和市场机遇,一旦出现要积极运用资源拼凑机制来把握。

第三,在乡村技术创业初创阶段,创业者应当主要以自身经验为基准,运用资源拼凑机制来提升创业绩效,同时应当尽量避免运用与内部创业者现有经验契合程度较低的外界知识,以回避可能产生的"促进作用冲突"。而在早期成长阶段,则应当主要依赖外部新颖知识为基准,运用资源拼凑机制来提升创业绩效;同时应当识别、选取、整合和吸纳能够准确反映行业未来技术发展图景的外部新颖知识。

二、研究局限与未来展望

囿于条件所限,本章研究存在一些不足,需要在后续研究中进行完善,主要内容如下:本章研究虽然构建了不同时间维度对比的动态模型,但可能难以反映创业学习、资源拼凑和乡村技术创业在同一创业主体中的动态演化历程。因此我们在后续研究中拟进行一些跟踪性的纵向案例分析,并争取获得广泛的实证分析样本,尽量争取更多的实地访谈机会,对本研究的研究思路和观点进行有效的拓展。

第七章 民营企业参与乡村振兴长效机制
——场景驱动创新视角

第一节 引 言

数字经济背景下,场景驱动创新的模式愈加流行,这种新颖的创新模式也逐步进入乡村产业振兴领域,以农业全产业链为例,农业研发、生产、加工、储运、销售、品牌体验、消费服务等环节均可实施场景驱动创新行为。民营企业参与乡村振兴长效机制可以构建在乡村产业创新的基础之上,因此本章研究选用场景驱动创新为视角,对民营企业参与乡村振兴长效机制进行探讨。

第二节 农业场景概述

从农业全产业链生产环节、营销环节和服务环节来看,目前民营企业参与乡村振兴长效机制包括如下农业场景:数字农场场景、智慧物流场景、食品安全场景、农产品电商场景、数实融合场景、休闲农业场景和社交电商场景。其中数字农场场景代表农产品精细化种植养殖,智慧物流场景代表农产品高效率运输效率提升,食品安全场景代表农产品溯源性绿色认证体系建设,农产品电商场景代表快速获取和共享农产品资讯,数实融合场景代表农产品消费过程中的社会归属感建立,休闲农业场景代表乡村生活和情感体验,社交电商场景代表农产品消费过程中的社交网络构建。本章研究将选取相关典型企业基于场景驱动创新的案例,对民营企业参与乡村振兴长效机制构建的途径进行阐述。

第三节 农业全产业链场景化创新案例分析

一、数字农场场景：寿光蔬菜

山东省寿光市把数字农业作为推进农业现代化的关键抓手,依托互联网、物联网、云计算、5G等信息技术,大力实施"数字+"工程,全方位推动理念创新、技术革新、模式更新,加快推动蔬菜产业全链条数字化、网络化、智能化。在智慧农业科技园中,通过智慧化设备的应用,实现了对温室环境的严格控制,让蔬菜生长得更好、品质更高。通过智慧农业科技园展示技术和智能化设备,推动寿光蔬菜产业向智能化方向进一步发展。

寿光与中国农科院、中国农业大学等10多家科研院校建立深度合作关系,引入数字农业龙头企业,开发应用"寿光蔬菜产业互联网平台",提升农业数字化、智能化、标准化水平;在一批智能化园区覆盖大型水肥一体机、智能温控、自动补光等新技术和区块链全程追溯系统;坚持用数字改造提升流通体系,成功发布"中国·寿光蔬菜价格指数";开发农业智慧监管平台和农产品生鲜溯源平台,将每一个蔬菜大棚、每一个批发市场、每一家农资门店都纳入监管。

将智能化设备应用于蔬菜大棚,实现"云"上管理,寿光农业正迈向智慧农业。近年来,寿光主动融入潍坊国家农综区建设,加速推动蔬菜产业"数字化"速度,推动农业由设施化向数字化、智能化转变。目前,寿光已建成投用现代农业高新技术试验示范基地、丹河设施蔬菜标准化生产示范园等一批数字农业园区,全部覆盖大型水肥一体机、智能温控、自动补光等新技术,带动寿光80%的蔬菜大棚安装了智能化装备,蔬菜大棚变身"绿色车间"。

目前,寿光蔬菜大棚已从第1代的小土棚升级迭代到第7代的智能物联网"云棚"。第7代大棚应用现代数字化技术和智能化装备,包括自动温控、智能雾化、臭氧消杀、水肥一体机等,物联网应用率达80%以上,劳动生产效率提高了1倍以上,农民在家用手机就可以远程操控。各种新型设备的应用,不仅使蔬菜生产管理变得更加简单便捷,也打消了菜农们的顾虑,让他们有信心去扩大生产经营。原来一对青壮年夫妇一年内能种植2个70米的大棚,现在可以管理2个200多米的大棚,蔬菜大棚成了"绿色车间",蔬菜园区成了"绿色工厂"。

智慧农民与智慧农业紧密相连,背后都是科技的力量在作支撑。近年来,寿光市坚持以智慧化思维、科技化手段对农业产业链全方位重塑,量身定制寿光蔬菜产业互联网平台,研制推广了立体栽培、无土栽培、椰糠栽培等30多种新模式和大棚滴灌、臭氧抑菌、熊蜂授粉等300多项国内外新技术,科技进步对农业增长的贡献率达到70%,高出全国10.8%。

为了突破"种业命门",近年来,寿光借力蔬菜产业优势,深入实施蔬菜种子工程攻坚行动,支持种业创新,通过"内培、外引+扶持",现代蔬菜种植业得到迅猛发展。如今,一所所"国字号"种子种苗科研中心在寿光相继落户,一批批种子种苗企业在寿光发展壮大,越来越多的蔬菜种子装上了优质的"中国芯"。

2021年,寿光被纳入种业振兴行动方案国家级蔬菜种业创新基地建设布局。围绕国家级蔬菜种业创新基地建设,寿光以培育重点种子龙头企业为核心,构建以产业为主导、企业为主体、基地为依托、产学研相结合、"育繁推一体化"的蔬菜种子产业体系,计划到2025年,寿光自主研发蔬菜品种300个以上、突破性品种10个以上,建成全国蔬菜新品种的展示推广和交易平台。截至2022年底,已有30多家国内外头部种子公司进驻寿光,12家国字号种业研发机构相继落户;寿光自主研发的蔬菜品种达178个,种苗年繁育能力18亿株,产值10亿多元,成为全国最大的蔬菜种苗繁育基地之一。

好产品要卖出好价格,销售必须实现品牌化。以寿光蔬菜集团等骨干企业为主发起成立的寿光蔬菜瓜果产业协会,于2019年成功注册"寿光蔬菜"集体商标,一体化智慧供应链共享平台也同步搭建。寿光蔬菜瓜果产业协会还与宝能集团建立战略合作关系,共同打造蔬菜产业全链条标准化加工配送基地、运营中心和创新平台。线上与阿里巴巴、京东物流合作,分别在天猫、京东电商平台设立了寿光蔬菜官方旗舰店,建设现代智慧供应链,打通线上优质生鲜蔬菜从"基地"到"餐桌"的直供通道。同时,与腾讯农业、华为农业、海尔卡奥斯等围绕数字农业进行深度战略合作,量身定制"寿光蔬菜产业互联网平台"。

在这些民营企业的帮扶和参与下,寿光蔬菜集团在各大互联网平台上通过视频直播、网红带货等方式,将寿光一个个蔬菜品牌做成千万甚至上亿元的单品。在寿光文诚控股集团建设的电商直播基地,几个年轻人回乡创业成立"鲜馥"网上直销的蔬菜品牌,从卖女装、鞋子改为卖寿光的贝贝南瓜、潍县萝卜等。品牌自2015年成立至今,销售额从几百万元迅速攀升至两亿多元。

在寿光型智能玻璃温室内有20多个机器人,可实现授粉、运输、喷药、巡检以及分拣自动化,大大提升了农业生产的科学管理化程度与工作效率。中心机器人"小金"负责收集汇总来自园区内所有机器人的数据信息,并在数据处理后生成指令反馈给其他机器人,实现无人操作、智慧生产。这台机器人就是中心大脑,也叫控制中心:当园区温度过高时,它会下达指令,启动温室的风机系统或外遮阳系统;如果巡检机器人巡检到叶片病斑或需叶面追肥时,它会自动下达指令,让喷药或喷肥的机器人去进行操作。

二、智慧物流场景:安远智运快线

农村电商的瓶颈在最后一公里,也就是从镇到村这一段,它的特征是批量小、频次高。用汽车凑够一车才发送,时效太慢,客户不愿等;用摩托车或无人机运输,成本太高,农户不愿送。例如农民网购几斤红薯,在智运快线发明之前,无法做到低成本快速发货,快递进村难也是同样的道理,这严重制约了乡村电商发展。

江西省安远县首创"智慧园区+智运快线+数字平台"三位一体城乡绿色智慧物流发展新模式。自交通运输部2013年对口支援安远以来,安远县以"互联网+物流"变革产业链,用科技赋能乡村振兴,化解农产品上行和消费品下行的"最初和最后一公里"问题,有效满足"小批量、多批次、低成本、高时效"的农村物流需求,畅通经济循环,促进乡村经济发展。

2020年,江西省安远县从民营企业中保斯通集团引进智运快线成套技术,开发出"智慧园区+智运快线+智运商城"三位一体的城乡绿色智慧物流新模式。中保斯通集团与安远东江电商产业集团共同建设运营安远智运快线"村村通"项目,同时双方还建立了战略合作关系,以"综合产业园+智运快线网+自来物商城"的模式共同开拓江西省市场。

智运快线是针对农村电商发明的运输工具,农村电商物流的显著特点是小批量、多频次、高时效、低价格,用其他任何交通方式都无法实现,用传统方式价格高,用无人机价格更高,智运快线较其他运输方式具有明显的比较优势。智运快线县域网建成后,可实现县域随时发送、一小时到达,100公斤货物运输100公里,直接成本仅为3—5元,较传统物流方式下降50%以上。

从2014年提出智运快线构想至今,中保斯通科研团队经过7年研发,已将智运快线技术升级到第七代。智运快线系统不仅申报了约200项相关知识产权,其运营团体标准已经过专家组技术审查,在全国团体标准信息平台发布实施,为智运快线模式的复制推广打牢基础。交通运输部规划研究院调研报告显示,智运快线在"镇—村"的运输中,发挥着传统运输方式无法比拟的优势。并经过测算比对,认为对于乡村物流而言,零散农产品运输需求量越高,智运快线碳减排效益更明显。

数字平台、智慧园区和智运快线和是安远模式的构成"三要件",也是未来智运快线项目的发展方向。其中,数字平台提供了交易平台和流通渠道,创造、激发了农村地区的物流需求;智慧园区为大量的农村物流需求提供了高效的中转、存储、加工的场地,发挥物流枢纽的作用;智运快线则是将农村地区线上购物、线上销售与线下消费实现高效串联的有效方式。

从"一条线"到"一张网",由政府和国企合力推动的"安远模式",还升级打造了"智慧园区+智运快线+数字平台"三位一体的城乡绿色智慧物流发展新模式。通过布局完善县乡(镇)村三级城乡智慧物流网络节点体系,构建基于近地低空索道和穿梭机的智运快线,依托数字平台释放城乡智慧物流发展潜力,畅通农产品和消费品双向流通渠道。

"智慧园区+智运快线+数字平台"一体化建成后,交通运输业务不是收益的主要来源。整个县域平台的大部分经济收益将来自综合产业园开发、仓储、冷链、电商、乡村新零售、大数据、金融等,加上这些收益,一个县域的投资约3—5年即可收回成本,经济条件好的县域甚至更快。

连线成网后,农产品上行、快递进村、本地配送等将因智运快线网络呈现爆发式增长。以农产品上行为例,目前平均一个行政村按657吨/年运输量的60%计算,约400吨(80万斤),县域内上行运输费按0.4元/斤,年收入达32万。快递进村也类似,全国平均每个行政村人口约1000人,按每人30件/年,收费2元/件,年收入6万元。加上本地配送服务费,三项合计年收入将超40万元。扣除村级基站人工、水电、维护等费用约10万元,净收益超30万元。

在这种智慧物流情境下,农产品在流通环节损耗大、流通成本高的难题得到扭转——农户将自家"小而散"的非标农产品放到本地线上商城直播销售,探索更多农产品外销方式,在成本没有明显增长的同时,利润得到了大幅提升,大大激发了农民种植和养殖的积极性,增加农民收入。而另一方面,农民收益有极大提升,同时也大大提升了农民的消费能力和消费水平,有利于拉动县乡消费、为构建国内大循环开拓更广阔领域。

除了经济收益外,智运快线还能够带来巨大的社会效益,令农产品的直接销售价格大幅提升,农民收益大幅增加,从而带动一系列的产业发展。智运快线类似乡村公路,作用主要体现在社会效益,而不是路费收入。结合智运快线县镇村三级基站建设的助农服务中心、合作社等公共服务平台,将给农村生活生态带来巨大的改变。

智运快线有效提升了县、乡、村三级物流配送效率,形成"城乡1小时经济圈",让工业品下乡进村、农产品出村进城不再困难。以此发展的"本地消费＋即时配送"乡村新零售模式,可让本地实体商家及广大农户的产品销售范围扩大到全县。智运快线建成后,将真正实现城乡一体化配送,带动农业产业发展,切实增加农民收入,助推实体经济数字化转型升级。

安远县智运快线项目开创了我国的乡村智慧物流先河,符合国家"乡村振兴"战略和"新基建"发展方向,贴合市场需求,为全国提供了一个县域经济发展的"安远模式",具有划时代的意义。当前,以"互联网＋物流"为特征的智慧物流正在全国蓬勃发展,在整个产业链引发变革,用科技赋能乡村振兴。中保斯通集团探索形成的建设和运营团体标准,早已辐射到其他区域。

三、食品安全场景:大埔蜜柚

保障农产品安全的基本前提是基于互联网、大数据等数字技术赋能的食品可追溯体系构建,这一目标的达成需以乡村产业的数字化转型升级为基础。广东省大埔县积极建设5G＋农业大数据平台项目,利用现代信息技术,立足大埔省级现代农业产业园和发展"一村一品,一镇一业",建设涵盖大埔蜜柚产业种植、加工、物流、市场、销售等全产业链的大数据服务平台,实现大埔蜜柚的数字化转型升级。

大埔县利用大数据、云计算、卫星遥感、物联网等现代信息技术,依托大数据平台,实现大埔蜜柚"十个一"数字功能,提升大埔蜜柚生产经营和管理服务数字化水平,助力大埔蜜柚的数字化转型升级,同时结合市场打通最后一公里,提升大埔蜜柚销量和品牌影响力。

在绘制数字蓝图方面,大数据平台为用户提供蜜柚大数据基础服务。通过大埔蜜柚生产服务应用、大埔蜜柚产销对接应用、大埔蜜柚产业管理应用三大应用功能,实现农户对柚园的规范化管理和精细化操作,同时为用户提供产业融合、种植加工、基地认证、价格监测、溯源监管五大管理能力。目前果园基地安装了数据监管系统,打开手机端的大数据平台APP,蜜柚的生长情况、土壤、大气环境、水环境状况、病虫害均可实现实时观测,水肥一体化的智能系统实现了远程控制,可以定时定量灌溉水肥。大数据和新技术为农业与土地赋能,节省了人工成本,提高了效率,蜜柚的产量和品质得到有效提升。柚农可以在大数据平台输入日常种植管理信息,这些信息将自动形成溯源二维码,提升消费者对大埔蜜柚的可信度。

大埔将3万多柚农的种植信息统一汇集到大数据平台,包括品种、产量、品质等,展示基地的同时,还可让采购商和消费者逐一筛选,实现在云端进行产销对接,拓宽线上销售渠道。大数据平台从供给侧、需求侧、质量安全三方面,提供产业融合、大埔蜜柚种植、基地认证、价格监测、溯源监管、5G+零售监控六大功能服务,实现大埔蜜柚精准"种"、精准"管"、精准"采"、精准"卖",实现生产技术的提升、产品质量的提升、品牌影响力的提升、销售市场的扩展。柚农可以随时将果园管理的难题在大数据平台的"专家咨询"栏反馈,相应专家会在24小时内做出解答。

大埔一方面支持通美公司与中国工程院院士合作,建立全广东省唯一一家以"柚子医药深加工"为研究方向的院士工作站,专题研究蜜柚产业相关化妆品、护肤品高附加值课题。另一方面,县政府牵头联合华南农业大学与顺兴公司,三方共建大埔蜜柚研究院,打造公共科研服务平台。把华南农业大学的人才、技术、科研等优势与大埔的农业基础、资源、市场等结合起来,围绕品种改良、提早上市、减轻木质化等课题开展科研攻关。引进华农大高级农艺师等高端人才扎根大埔,切实提高梅州柚·大埔蜜柚产品附加值和核心竞争力。同时成立以深圳市丰农科技有限公司控股,农业龙头企业联盟为主体,政府和科研院校参股的梅州柚都都果业有限公司。

2020年大埔县共有24家企业建立了自己的电商销售渠道,年销售额超过5100万元。在2020年蜜柚销售旺季期间,京东还推出了"大埔蜜柚"专区。在大埔蜜柚产业园中建立了短视频直播推广体系,借助直播、短视频等,帮助消费者提升消费体验,为更多质量有保证、服务有保障的大埔蜜柚产品打开云端销路。在品牌建设上增加增值服务,5G+AR、5G+VR技术的运用,让消费者可以体验远程游园、种柚等,同时展示大埔蜜柚产业园的数字化生产过程。

在销售方面,通过全国200多家较大型的水果批发市场,以及电商平台、物流企业的大数据,可以清晰看出大埔蜜柚各区域的销售情况,过去依靠业务员全国各地收集资料的场景逐渐被大数据网络替代。大数据平台还可以精确分析线上线下销售数据,为农产品的精准化销售提供科学依据,平台从供给侧、需求侧、质量安全三方面,提供产业融合、蜜柚种植、基地认证、价格监测、溯源监管、5G+零售监控六大功能服务,实现大埔蜜柚精准销售。5G技术的应用,保障了零售监控信息的接收顺畅,提升了农业园区监管的效能。

目前大埔已成为广东省最大的蜜柚种植县和中国最大的红肉蜜柚种植基地,2020年,全县蜜柚种植面积已达21.9万亩,产量达32万吨。2020年销售季,广东梅州柚"12221"市场营销攻坚战战绩显赫,广东梅州柚·大埔蜜柚地头价同比提高0.25元/斤,广东梅州柚·大埔蜜柚已成为名副其实的"黄金果"和"致富树"。在大数据平台的引导下,大埔蜜柚成功打入欧美市场,入选为"中欧100+100"地理标志互认互保产品,在全省出口美国的6家企业中,大埔占据2家,有力提升了梅州柚·大埔蜜柚的品牌形象。

四、农产品电商场景:辛选直播助农

共同富裕的主旋律得到国内外媒体的高度关注,各企业也把助推共同富裕作为企业发展重要章程。作为直播电商头部企业,辛选集团在助农直播销售额超6亿的基础上,持续推动共同富裕,备受关注和好评。

直播助农是一种新的将农产品从田间地头直接送到消费者手中的产业振兴方式,它有利于实现供需对接,缩短流通环节,降低成本,提升效率,增加农民收入和财富。相对于传统农产品要经过专业化的采收和物流集散渠道,直播带货以一种高效的形式紧缩时间和经济成本,进一步提升市场竞争力,实现从"人找货"到

"货找人"的变化。"助农直播"兼具经济效益和社会效益,在这个背景下,不少的直播电商主播为呼应农村复兴的政策召唤,使用自身在行业耕作多年累积的经历和资本助农增收,发展了不少的直播专场带货农产物,不仅展示了自身实力,还为复兴农村之路拓宽了途径。

在直播助农领域,辛选集团探索出"顶流主播+地标产品+IP升级"结合的助农模式,和各地政府、央视等合作,以顶流主播的影响力为抓手,吸引消费者的关注和购买;以地标品牌的质量为保障,提升消费者的满意度和回购率;以供应链升级为支撑,优化农产品的种植、加工、包装、物流等环节,降低成本,提高效率,保障产品安全。

2018年9月,辛选集团与阿里巴巴合作,通过直播形式在黑龙江开展"乡村振兴"助农活动,为黑龙江的蜂蜜、大米等农产物品等打开市场。

2020年7月,辛选主播作为"黑龙江省农产品推广大使"受邀参加"'青'GO一夏·小康龙江"公益助农网购活动月,携37位县长向全国用户推荐精选龙江好物,五常大米、酸奶、大豆油等36款农产品,销售额超1.65亿元。

2020年8月11日,辛选主播受邀参加央视"心连心系列公益带货直播",为大凉山喜德县助农带货,共计为四川地区带来超1亿销售额。

2021年4月13日,辛选主播开启"新疆乡村振兴"直播专场,香梨、葡萄干、黑枸杞、阿克苏苹果等多款新疆产品被网友"秒光"。3个多小时,19个农副产品共销售110余万单,销售额超2540万元。

2022年1月11日,在2022年"中国青年年货节"上,辛选主播直播间开设"中国青年年货节"公益专场。山东西红柿、贵州香脆椒、贵州酸辣粉、东北黑木耳等10款地方特产成交额超439万元……

辛选认为,一款产品要想出现在辛选直播间,起码要经过六大环节:资质审查、工厂审核、样品检测、卖点卡审核、生产跟进、客诉处理。另有"卖点卡"三审制,主播也是品控的重要一环。辛选内部设有两个核心实验室,对各样品进行专业检测,确保产品质量。辛选集团还设有质量专家委员会、质量监督委员会,并与华南农业大学、广州检验检测认证集团签署了品控合作协议,这一切都是为了给消费者放心的产品。辛选不仅提升了皇家稻场销量和知名度,还派出专业团队对企业进行多维度帮扶,从品控、核价、物流、包装设计等细节帮助企业经营和发展。

辛选用电商创新思维运营模式，帮助皇家稻场完成了从0到1的线上供应链搭建。

基于"既要授人以鱼，更要授人以渔"的思路，辛选研发出一整套助农课程，旨在通过在全国各地开展线上线下助农电商课程培训，为助力乡村振兴贡献自己的力量。一个个"藏在"高山田野的优质农产品"土货"，通过辛选直播间"变身"为"爆款"，成为消费者喜爱的明星产品和品牌。这些农产品还带动了当地的产业发展，为农民创造了创业增收机会。

辛选不满足于单次直播的效果，而是致力于打造长效机制。结合辛选的优势，为农产品提供从种植、加工、包装、物流到售后等全方位的服务支持，并通过直播间孵化了江门海鸭蛋、五常皇家稻场大米等众多地标品牌。这些品牌不仅提高了农产品的知名度和美誉度，也增强了消费者的信任度和忠诚度。

将长期以来积累的直播带货经验在广大偏远乡村地区进行推广，是直播助农可持续发展的必要路径。通过在直播带货中积累的经验指导农户改进包装，拓宽销路。这些优质农产品被辛选用户选购后，即便以后不在辛选直播间销售，也会成为全国消费者的选择，这比在辛选直播间单场销售多少单影响更加深远。凭借多年经验，辛选集团研发出一整套助农课程，涉及账号搭建、直播策划、直播选品等知识内容。目前，辛选教育"辛火计划"助农电商课程培训的第一站已于2022年9月16日在新疆圆满结课，为辛选集团开展全国巡回助农直播展开了一个良好的开端。

通过直播电商这种技术普惠手段，将为乡村搭建农产品上行渠道、助力农产品供应链升级、培养农村数字化人才，全方位提升乡村振兴的外在和内生活力，让农民得到真正实惠。

五、数实融合场景：元宇宙智慧茶园

2021年是公认的元宇宙元年。如果说互联网的出现改变了世界格局，那么以区块链技术、人工智能、物联网以及细分技术构建的元宇宙就像是互联网的平行世界。元宇宙的浩渺空间，颠覆的不仅是农业生产模式，还可以通过相关技术手段与定制农业、订单农业、休闲农业等模式相结合形成新的商业模式。目前关于元宇宙的农业价值探索已经开始，在时代变幻来临之际，超级码科技股份正成为农业元宇宙探索的头号玩家。

超级码科技股份已经正式对外发布了浙江省首个农业元宇宙应用场景——元宇宙智慧茶园。宣传片里虚拟IP形象小码哥束发而立,身着一袭蓝色改良农服,腰间束一绺墨绿色叶状长穗宫绦并别一枚蓝色小码哥荷包,站在茶山上为大家介绍所在的元宇宙世界里茶树生长情况。这呈现的正是超级码科技股份在元宇宙应用场景方面的一个重大突破和重要应用:将元宇宙链接农业科技,为农业元宇宙的落地生根奠定了基础。

对于消费端而言,消费者与农户之间往往缺乏有效的沟通。在元宇宙的世界里,消费者可以通过终端设备看到产品生长全生命周期,从茶园到茶杯全流程监控,保证喝到的每一叶茶都是正宗的安吉白茶,提升了消费者对品牌的信任度。消费者们还可以在线选择认养一棵茶树,通过VR等技术为认领的茶树远程浇水、施肥,沉浸式体验亲自耕种、采摘等过程,改变传统农旅融合模式。

元宇宙智慧茶园还能够提供线上便捷的取号退号和交易系统,通过摊位智能调配—手机端提前取号—示码快速入场—事后自助退号流程,有效避免人群扎堆聚集,在服务侧大幅节省了茶农交易入场时间,简化了交易流程,提高了交易效率,同时在管理侧精准地把控了茶叶流向,稳定市场秩序。

元宇宙只是概念和手段,科技推动产业融合才是重点,借助元宇宙推动农业生产效率提高、生产安全品质提升才是农业产业的当务之急。用新技术增加体验度和娱乐性,让更多年轻人、时尚和科技领域关注农业、支持农业、参与农业才是乡村振兴需要解决的问题。

元宇宙智慧茶园的建设结合超级码科技股份打造的安吉白茶产业大脑,利用茶叶资源一张图辅助农业政务决策分析,高效处理涉农政务服务。在元宇宙智慧茶园中,通过遥感、GIS、GPS等3S技术,进行精准的茶园确权到户,并给茶农发放官方认证的电子茶园证,打通茶园转让、农资施用、供应链金融、品牌标识等场景。

"春种一粒粟,秋收万颗子"。传统农业是土地和时间的艺术,农作物生长周期漫长,期间还会遇到自然灾害、病虫害等多种问题,影响农业生产。在超级码科技股份打造的元宇宙智慧茶园里,可以快速模拟茶树的生长周期,有效缩短农事操作周期和成本,短时间内即可获取海量生长数据,突破传统农业周期长、难量化等特点,为精细化和智能化作业奠定了基础,同时可通过小气候一体机、土壤墒情监测站等物联网设备实时采集土壤、气象等各维度数据,根据气象数据和历年流通数据,模拟开采期、产量和产值,还可以模拟不同气象条件下各类茶叶的品质,农户足不出户就能了解茶树的长势情况。

面对茶树生长过程中可能会遇到的病虫害等影响,元宇宙智慧茶园可提前模拟和预测多种病虫害现象,自动推荐最佳的植保方案,农户们不需要掌握高端的科研技术,仅需要通过智能穿戴设备进行观察,就能得到一手的数据资料和农事操作指导;并通过大数据对收集到的数据进行实时分析,提供气象灾害预警、开采预测、产量分析等结果,辅助管理决策。

在保证茶叶种植品质的基础上,超级码科技股份不断纵向延伸,探索智能化生产,通过三维倾斜摄影技术,对园区进行实景仿真,叠加各类数字化装备,将元宇宙与加工过程相融合,实现工厂数字孪生。在元宇宙智慧茶园里,可以快速模拟茶树的生长周期,有效缩短农事操作周期和成本,短时间内即可获取海量生长数据,突破传统农业周期长、难量化等特点,为精细化和智能化作业奠定了基础。虚拟加工包装选配,融入自动化产线,帮助茶企提高数智化生产加工水平,加速农产品标准化,最终实现降本增效。

六、休闲农业场景:中国绿发

中国绿发投资集团有限公司(简称中国绿发)依托绿色产业优势,以推动文旅产业兴旺和乡风文明提升为抓手,不断丰富旅游业态,推动与当地共建共享,努力闯出乡村振兴的新路子,使之成为践行"两山"理念、推进乡村振兴的窗口示范基地,绘就一幅和美乡村新画卷。

中国绿发坚持落实"产业兴旺、生态宜居、乡风文明、治理有效、生活富裕"乡村振兴战略总要求,带头履行乡村振兴央企责任。中国绿发依托自身在现代服务业、绿色能源等领域的产业优势,深入贯彻落实新发展理念,助推村集体经济发展壮大,建设以乡村文明实践中心为特色的幸福乐园,绘就产业兴、乡村美、村民富的美丽乡村新画卷。

中国绿发美丽乡村项目团队用开发设计的理念来规划农业布局,将能够利用的土地细分为18个农业基地,因地制宜先后建起了1000多亩优质粮油种植示范基地,1200多亩标准化柑橘示范基地,120多亩绿色蔬菜生产示范基地,200多亩家禽水产养殖基地,1500多亩苗圃基地……构建起以柑橘、跑山鸡为核心,粮油果蔬、花卉苗木、生态鱼、生态羊为补充的种养生产体系。

中国绿发美丽乡村借势先后布局格林7号乐园、田野餐厅、农事活动体验园等具有乡野特色的业态,建成东篱小院、帐篷营地、桃花驿、白鹭源等特色星选民宿;建设橘崽儿水上中心,开展丰富的皮划艇、浆板、脚踏船等水上运动;创办"第二课堂",挖掘江津本地特色农耕、民俗文化资源,引导本地艺人开展泥塑、陶艺、扎染等手作经营,推动"指尖技艺"转化为"指尖经济"。

其中格林7号乐园是中国绿发倡导绿色发展方式和绿色生活方式的自主乐园主题IP,包含户外活动、营地住宿、专题课程教育等内容。位于乐园正中位置的综合服务中心,在建设过程中考虑了中查沟的雨雪风力载荷、日照时间等因素,按照健康建筑WELL V1.0的新建建筑评审标准设计。光照被建筑顶部的太阳能光伏发电板吸收,为室内提供照明用电;房屋顶层的木踏板来自当地居民的闲置木材,轻盈透气又减轻结构重量;整体采用传统建筑风格,与周围环境和谐统一。此外,引入自然水源,大量使用本地原材料,让这座小屋处处充满绿色节能元素。

中国绿发美丽乡村以发展农业产业为基础、以农村发展为己任,将城市资本、专业品牌、市场经验与农村土地、劳动力有序融合,延伸了农业产业链、提升了旅游价值链,既不同于一些传统农业景区单纯搞"门票经济",又不同于一些乡村田园综合体发展"重旅轻农",实现了农文旅真正融合,让农业成为乡村振兴赚钱的产业。

中国绿发还与九寨沟周边村镇开展合作,建设藏羌文化遗产博览馆,成立国家级非遗大师工作室,在美丽汇专门商铺中定点销售本地扶贫农副产品,为遍布全国的中国绿发社区提供九寨特色定制农产品,带动村民在家门口实现就业增收。中国绿发还开展了共建一条文化旅游线路、开设一个助农专门商铺、实施一次村庄建设行动、开展一次教育助学活动、举办一次专场招聘会的乡村振兴"五个一"专项活动,以实际行动巩固拓展了脱贫攻坚的成果。

中国绿发以农业为基础,带动农文旅融合发展,将旅游设施、接待功能完整融入农业产业、农村发展,山水林田湖草成了旅游"打卡地";童话公园、游乐园、研学体验、农事教育、垂钓、水上运动、露营、采摘、观花等功能各异的项目,满足了孩童、中青年、老年不同人群的游乐需求;18个产业园不同的赏花、采摘季,让项目区一年四季都有休闲游乐产品,种养业的多样性、旅游产品的丰富性,推动形成了

"全域全龄全季"产业。

漫步在中国绿发美丽乡村,随时闻得到瓜果飘香,随处看得见谷物生长,随地碰得见村民匆忙。正因为中国绿发美丽乡村以农为先、以农为本,才走出了一条坚实的农文旅融合发展道路。农文旅融合发展,应该是建立在以农业为基础上的融合发展,没有农业产业,农文旅融合就是无本之木、无源之水。

中国绿发九寨鲁能胜地作为阿坝州一号特色生态产业项目,先后引进包括丽思卡尔顿、康莱德、希尔顿、英迪格、希尔顿花园等在内的国际知名酒店品牌,通过美丽汇商业引入硬石餐厅、肯德基、星巴克等知名商家,构建山地自然探索和藏地人文特色双驱动的格林7号乐园,在大九寨区域形成了以美丽汇商业、酒店集群和活力度假为三大主体功能的现代服务产业体系,进一步丰富乡村文旅体验内容,显著延长游客滞留时长,大幅提升了村集体经济收入水平。

农地连着原原本本的乡愁,农味牵着有滋有味的记忆。中国绿发参与乡村振兴的实践证明,强农更能兴旅,发展农文旅融合项目,应坚持以"农"为本,让农业的基础更加扎实,旅游的发展才会更坚实。

七、社交电商场景:斑马会员

社交关系总体上属于熟人或准熟人网络。白皮书数据表明,促使社交用户在移动社交应用内购买产品的因素中,朋友或网友的分享推荐占到了61.4%。到2020年,中国社交电商的用户数和市场规模将从2019年的4.22亿人和20605.8亿元,增加至7.736亿人和40000亿元。区别于传统电商以"货"为纽带、以中心化平台为渠道,社交电商是以"人"为纽带,通过互联网社交关系网络在朋友圈、微信群、内容平台、社区平台等各类去中心化渠道进行信息传递和商品交易的网络零售模式。

社交电商正在从一种电商模式进化为新的商业底层逻辑,即通过关键人物(KP,key personnel)的介入,创新或者构建零售场景和链路,来获得、运营、转化和服务用户,最终形成新的生态。区别于传统电商模式的人找货的模式,社交电商实现了货找人的模式。通过社交模式,社交电商将用户需要的产品直接分享介绍给用户,并通过更下沉的体验式介绍为用户带来精准需要的产品。社交电商越来越成为新零售再下沉市场的主要推手。

社交产品空前繁荣,为社交电商的"起风"奠定了"社交"属性基础。以国内首家提出会员制概念的电商平台斑马会员为例,平台以会员需求为导向,通过"社群+分享"等模式,不断深度挖掘用户需求,并以此不断完善供应链、拓展服务、内容及场景,更高效地将用户与产品进行匹配。

从2005年进入电商行业开始,斑马会员就致力服务国内中等收入群体,这样的目标一直在不断延续和升级。截至2019年,斑马会员拥有超过6000万的用户,近700万的活跃会员。这类群体还可以在斑马会员通过兼职或全职的形式,赚取收入缓解经济压力。社交电商行业的参与者已经覆盖了社交网络的多个领域,社交电商已成为电子商务不可忽视的规模化、高增长的细分市场。

为解决农产品滞销问题,斑马会员探索"电商+直播+创业"发展新模式,积极对接平台农产品供应链、征集滞销信息,并通过APP进行广告推送,引导流量向滞销农产品倾斜,进一步加强对农产品的推广。针对大多数农民不会线上运营、分拣包装、物流运输等相关问题,斑马会员成立了专业的技术团队,协助农民解决相关店铺运营问题。斑马会员还在第一时间内快速结算销售资金,让农民可以及时拿到资金,以便偿还贷款、购买春耕物资等等。

30分钟售出50万斤河南紫皮大蒜,90分钟售罄30万斤云南"丑"苹果,12小时售出破纪录的105万斤瓜州蜜瓜,11分钟售出75万斤安徽砀山黄桃,48小时售出100万斤新疆阿克苏糖心苹果……这不是双11当天的场景,而是国内领先的会员制电商平台斑马会员,近年来线上+线下公益助农营销活动上的成交数据。

斑马会员不仅在助农领域发挥光和热,对于面临困境的中小商家,斑马会员也发布了一系列帮扶政策。斑马会员发布了"斑马会员致困境中线下企业的一封信",推出了7大支持政策,承诺在特殊期间实行费用减免,并且保证三个月的流量支持;对不懂运营的商家,提供详细新手开店指导,在上架、内容运营、流量、客群维系、直播等方面实现一对一精准指导,全面帮扶线下商家向线上转型。

在公益助农活动中,斑马会员发挥平台优势,不仅为滞销农产品提供了销路,还帮助更多农民进行转型,也让许多中小商家由线下经营转型成为线上线下一体化经营模式。作为国内领先的社交电商平台,斑马会员使用源头直采的经营模式,可以确保用户便捷地买到新鲜健康、优质低价的农特产品,让消费者花更少的钱买到更好的产品。

以斑马会员平台热卖的阳曲小米为例。阳曲是太原的一个县,小米种植有千年历史,但过去口碑却从未传出过山西。2018年11月,斑马会员前往阳曲,首次牵手5小时就售出10万份,反馈极佳。此后无论是平销还是大促,阳曲小米都成为平台热销的产品。在斑马会员们的分享与推荐下,阳曲小米的口碑也在快速积累,如今,全国各地的消费者知道了山西有个"阳曲小米"。

品牌的建立为阳曲的农民也带来了实惠。据《新京报》相关报道,2019年每斤谷子在当地的收购价格已经从之前的一块九毛钱,增加到了两块九到三块钱。而散米的价格更是每斤比原先增长了两三块钱。这对农民来说,就是实实在在的增收。阳曲小米仅仅是两年来斑马会员数十个成功助农案例中的一个代表。

在两年多的助农实践过程中,斑马会员找到了一条基于"会员制"的精准助农之路。发挥流量优势、内容优势、模式优势,成为贫困地区与中等消费人群,万亿消费升级市场中更具效率的链接节点。将上游,包括地方政府、当地的供销社、供应商进行资源整合,快速地对接匹配不断扩大的中等收入群体消费市场。斑马会员在未来的发展中,也将积极响应政府的号召,继续与各地政府涉农部门、扶贫办紧密合作,凭借其对中高端消费市场需求的影响力,帮助原产地建立起优质农产品品牌,从而将"电商精准帮扶"做到实处,助力中国乡村振兴工程。

第八章 民营企业参与乡村振兴长效机制
——"万企兴万村"行动视角

第一节 引　　言

党的十九大系统阐述了我国实现共同富裕的时代特征及阶段任务。党的十九届五中全会,首次提出让"推动全体人民共同富裕取得更为明显的实质性进展",突出强调"扎实推进共同富裕"。中央财经委员会第十次会议强调在高质量发展中促进共同富裕,"要提高发展的平衡性、协调性、包容性,增强区域发展的平衡性"。党的十九届六中全会从顶层设计层面明确新时代共同富裕的发展目标。同时《中共中央　国务院关于做好2022年全面推进乡村振兴重点工作的意见》中提出:广泛动员社会力量参与乡村振兴,深入推进"万企兴万村"行动。因此,民营经济是共同富裕进程的参与者,持续推进共同富裕进程与大力发展民营经济之间存在相辅相成、相得益彰的逻辑联系。乡村振兴战略是我国在新发展阶段缩小城乡差距、促进城乡人民共同富裕的重要举措,当绝对贫困问题已经解决,不平衡不充分发展问题更加凸显之后,乡村振兴战略的基本出发点便向实现共同富裕的伟大目标转变,而通过"万企帮万村"行动助推脱贫攻坚的民营企业,显示了其帮扶实践的精准靶向、多元主体互动参与及价值共创、城乡产业资源集聚整合等优势。因此民营企业参与"万企兴万村"行动能够助推乡村全面振兴,对城乡共同富裕战略目标任务的完成意义重大,但其具体的微观机理、实现路径和保障机制尚待明晰,这也是本书所依托研究项目未来的研究方向,在此先进行初步探讨。

未来对民营企业参与乡村振兴工作的研究将涉及民营企业参与扶贫和乡村

振兴、共同富裕两个领域。①社会力量帮扶是参与式扶贫的重要组成部分,社会扶贫具有资源整合、灵活创新等特点,使其能弥补政府扶贫缺陷,在扶贫领域发挥关键作用(曲天军,2002;Simanis,Hart,等,2008;范明林,2010),而民营企业扶贫是社会力量扶贫的主体(Prahalad,2005;Martinez,Carbonell,2007;邢小强,全允桓,等,2011;闫东东,付华,2015)。②民营企业可通过关系投资方式,推动农村产业、资本、人才和市场的发育和成长,进而推进乡村振兴(李先军,2019;李清明,2020)。特色小镇的建设和功能提升,能契合中小企业经营水平提升,强化农村现代化发展,实现乡村产业振兴目标(王天宇,2020)。③全面建成小康社会之后,实施乡村振兴战略已是我国在新发展阶段缩小城乡差距、促进城乡人民共同富裕的重要举措(叶兴庆,2018;李实,陈基平,滕阳川,2021)。推进共同富裕进程与大力发展民营经济之间并不矛盾,民营经济是共同富裕进程的参与者(邹升平,程琳,2021;姜长云,2022)。

目前着眼于民营企业参与"万企兴万村"行动这一核心举措,聚焦探讨城乡共同富裕这一关键目标的高质量研究还比较少见,相关研究成果主要散落在"乡村振兴""共同富裕""乡村振兴与共同富裕协同"三个领域。

(1)乡村振兴:落实乡村振兴战略首先要实现资金、人才、技术等要素向"三农"倾斜,同时要完善产权制度,以制度促发展(罗必良,黄祖辉,黄延信,等,2020);应当切实发挥乡村振兴试点村的引领作用,完善乡村基础设施建设(张芳,康芸芸,2020),夯实乡村振兴发展基础(凌经球,2019;程明,等,2020)。乡村振兴背景下,制度化建设、发挥市场机制作用、激发贫困人口及贫困社区内生动力、推进与乡村振兴统筹衔接等方式能帮助解决2020年后农村相对贫困治理难题(左停,苏武峥,2020;安晓明,2020)。

(2)共同富裕:扎实推进共同富裕的关键是"提低",即提高底层人群的收入、财产水平及享有的社会保障和公共服务水平,而其中最重要的是不断提高他们的收入水平(李实,陈宗胜,史晋川,等,2022)。推进共同富裕需要构建基于相对贫困治理的共享共富长效机制,夯实创新驱动生产力高质量发展的共同富裕物质基础(侯晓东,朱巧玲,万春芳,2022)。新时代中国特色社会主义共同富裕实现途径包括构建基于相对贫困的精准识别机制、防止返贫机制、内生发展动力机制、相对贫困治理机制和解决相对贫困的考核评价机制(徐凤增,袭威,徐月华,2021;欧健,2022)。实现共同富裕是发展与共享的有机统一,是效率与公平的有机统一,在发展中实现共享,在共享中促进发展(李实,朱梦冰,2022)。

(3)乡村振兴与共同富裕协同:城乡产业融合作为我国农村生产方式的重要变革形态,能够对农民就业和增收带来深远影响(涂圣伟,2022)。新时代民营经济还存在布局不平衡问题,布局不平衡不利于参与共同富裕进程。新发展阶段必须推动民营经济合理布局,促进全体人民共享民营经济发展成果(邹升平,2021;刘合光,2022)。实施乡村振兴战略,其出发点和落脚点就是要通过解决发展不平衡不充分的问题,增进人民福祉、稳步迈向共同富裕(黄承伟,2021)。乡村振兴更是实现共同富裕的基本措施和路径。"产业兴旺、生态宜居、乡风文明、治理有效、生活富裕"的乡村振兴总要求,可以看作实现农村共同富裕的另一种表达(王思斌,2022)。

据此可认为现有民营企业参与乡村振兴和共同富裕的研究成果与日俱增,学者们一致认为民营经济的增值逻辑并不必然带来共享逻辑下共同富裕的实现,民营企业参与乡村振兴能够助推城乡共同富裕的实现。然而,直接聚焦于参与"万企帮万村"行动情境,专注于探讨共同富裕路径的研究还较为欠缺,主要有如下三个关键问题急需我们深入研究:①明晰"万企兴万村"行动助推共同富裕的微观机理;②探索"万企兴万村"行动助推共同富裕的实现路径;③提炼"万企兴万村"行动助推共同富裕的保障机制。

综上所述,在推进经济高质量发展中促进共同富裕的背景下,以民营企业参与"万企兴万村"行动和创新城乡利益分配机制为纽带,将城乡产业融合所致财富持续增长与城乡利益分配所致财富科学划分整合于一个框架之中,探讨"万企兴万村"行动助推共同富裕的微观机理、实现路径和保障机制,能够为民营企业参与乡村振兴工作的研究丰富理论体系,拓展学科交叉融合的研究思路。

第二节 研究思路设计

未来对"万企兴万村"行动助推共同富裕的微观机理与实现路径的研究可以考虑以民营经济与共同富裕的协同发展机制为研究对象,从"万企兴万村"行动促进共同富裕的角度,按照《中共中央 国务院关于做好2022年全面推进乡村振兴重点工作的意见》文件要求,广泛动员社会力量参与乡村振兴,深入推进"万企兴万村"行动,探索"万企兴万村"行动助推共同富裕过程中的若干重大理论和现实问题(包括理论体系、微观机理、实现路径和保障机制等),为"新时代民营经济高质量发展"和"全体人民共同富裕取得更为明显的实质性进展"目标的实现提供理论和政策贡献。

未来对"万企兴万村"行动助推共同富裕的微观机理与实现路径的研究可以重点考虑如下四个方面的内容:

(1)模块1:"万企兴万村"行动助推共同富裕的理论体系研究。①在审视民营企业参与"万企兴万村"行动、乡村发展现状的基础上,总结民营企业助推共同富裕的逻辑体系和内涵特征;②结合相关文献,采取案例对比分析的方法,从民营企业参与乡村振兴行为的状况,总结归纳出民营企业参与"万企兴万村"行动助推共同富裕的可能实践形态。目前民营企业参与乡村振兴的相关研究见表8-1,在政策引导、参与主体、合作方式、收益回报、风险分担和分配状况等方面进行比较研究。

表8-1 目前民营企业参与乡村振兴行为的典型实践形态

民营企业帮扶类型	民营企业具体帮扶方式	乡村振兴行为的实践形态	案例
产业扶贫	带动农户合作种植养殖	设立一体化种植养殖公司,带动贫困户合作种植养殖	创建"公司+家庭农场"合作种植养殖模式,带动乡村产业向规模化、品牌化发展	温氏股份、唐人神、鹭燕医药、大湖股份、樱花魔芋公司
	技术指导	指导当地农户进行科学种植,使"粮农"成为"药农"	构建"公司+专业合作社+基地+农户"经营模式,实现产业致富	羚锐制药、仙坛股份
	以购代捐	指导贫困地区拓宽网上销售渠道	解决当地农产品滞销问题,进而拓宽产品销售渠道	步步高、永辉超市、字节跳动

续表

民营企业帮扶类型	民营企业具体帮扶方式		乡村振兴行为的实践形态	案例
产业扶贫	项目引进或投资收购	引进产业项目、投资收购贫困地区企业	股份合作或公司并购直接纳入产业链条	济川药业、九州通、艾华集团、如意集团
健康扶贫	医疗资源供应	义诊筛查、健康宣教、援建卫生室	乡村可持续医疗扶贫救助模式的构建	爱尔眼科、通策医疗、传化集团
教育扶贫	保障受教育的基本权利	通过教育补贴支持贫困户的子女完成学业	贫困学子继续学业、开展"互联网+教育"援助计划	金贵银业、泛海集团、拓维信息
教育扶贫	跟踪帮扶就业和创业	提供职业技能培训,帮助其转移就业脱贫	贫困学生扩展社会网络、实现自主就业、择业和创业	蓝思科技、恒大集团
基础设施扶贫	基础设施建设和维护	道路建设、标杆电站建设、冷冻库建设	乡村振兴所需硬件设施建设、有力保障乡村可持续发展	三丰智能、明泰铝业、协鑫集成、中来股份
党建扶贫	精神文明建设	以党建引领,完善村委管理机制,塑造文明村形象	以党建引领,依托电子公示栏等手段促建文明乡风和民风	孟电集团、恺英网络

(2)模块2:"万企兴万村"行动助推共同富裕的微观机理研究。①拟从民营企业参与"万企兴万村"行动助推共同富裕的关键——"民营经济增殖逻辑与共享逻辑下共同富裕的协同"出发,解析民营企业高质量发展与共同富裕的逻辑关联(包括理论逻辑、实践逻辑、历史逻辑和国际逻辑);②利用聚类分析方法,研究不同地域内民营企业参与乡村振兴时间演进及空间分异的差异水平,进而明确从民营企业参与"万企兴万村"行动所衍生出的利益分配机制;③结合民营企业与所帮扶乡村之间的财富共享状况,剖析城乡产业融合、资本增值逻辑与城乡财富分享等方

面存在的不足,解析"万企兴万村"行动过程中共同富裕目标实现所需的民营经济与乡村振兴协同机制。

(3)模块3:"万企兴万村"行动助推共同富裕的实现路径研究。①结合特定民营企业属性、农村农业农民现实状况两者不同组合的视角,将"万企兴万村"行动助推共同富裕的典型路径划分为"增长"的路径(民营企业与所帮扶乡村协同推进乡村全面振兴)、"共享"的路径(依托乡村全面振兴持续性提高农村底层群体的收入、财产水平和享有的公共服务水平)、"增长+共享"相结合的路径(长期性地促进城乡融合、切实推动城乡居民共同富裕),并研究上述三种典型路径的产业融合方式及其地理空间分异特征;②科学评价民营企业经济高质量发展程度以及乡村振兴的成熟度水平,根据《中共中央 国务院关于做好2022年全面推进乡村振兴重点工作的意见》,从经济绩效、社会绩效和环境绩效三个方面评价民营企业及帮扶乡村发展的成熟度水平;③综合成熟度评价和差异性对比结果,并基于民营企业产业嵌入性和农民群体的资源依赖性,从民营企业与农村经营户协同、城乡产业协同、民营企业与乡村利益分配平台协同等三个方面设计"万企兴万村"行动助推共同富裕的动态优化模式,为保障机制的设计提供事实依据与政策切入点。

(4)模块4:"万企兴万村"行动助推共同富裕的保障机制研究。针对民营企业参与乡村振兴、城乡产业融合过程中利益分配的发展现状及其演化趋势,提出相关保障体系的构建思路。①政策设计层面:探索立足"共同"与"富裕"的目标要求,从生产力、生产关系与上层建筑层面构建城乡协同高质量发展中扎实推进共同富裕的保障政策体系安排。②行业融合层面:基于行业同群效应,解析推进城乡共同富裕的"五种保障力量",即民营企业专业知识溢出所致的外延力,农村新型经营主体培育的内驱力,民营企业增值所致其员工富裕水平提升的拉动力,乡村振兴所致农民群体富裕水平提升的推动力,城乡在产业、文化、基础设施、公共服务等方面深层次融合的支撑力。③平台驱动层面:探索以乡村全面振兴为导向,设计共同富裕实现与民营经济发展间命运共同体、共同富裕实现与民营经济发展成果共享机制的构建方法,尤其是民营企业建立共同富裕基金的具体方式。

第三节 结 论

未来对"万企兴万村"行动助推共同富裕的微观机理与实现路径的研究将在如下方面体现创新点。

（1）研究视角创新：①聚焦民营企业这一主要社会帮扶主体，甄选"万企兴万村"行动这一核心驱动方式，为城乡共同富裕的研究找到了新的切入点；②从理论逻辑、实践逻辑、历史逻辑和国际逻辑等四个方面来解析民营企业高质量发展与共同富裕的逻辑关联，为城乡共同富裕微观机理的研究确定了新的联结桥梁；③从经济绩效、社会绩效和环境绩效三个方面提出"万企兴万村"行动背景下民营企业经济高质量发展程度以及乡村振兴成熟度水平的评价方法，为城乡共同富裕的动态优化机制提出了新的测度思路。

（2）研究内容创新：①"万企兴万村"行动助推共同富裕的微观机理解析为多维度逻辑关联、利益分配机制、协同机制设计三个方面进行探索；②通过并行比较乡村振兴成熟度的时空分异水平，从企业、产业、平台三个层面设计"万企兴万村"行动助推共同富裕的动态优化模式；③从政策设计、行业融合、平台驱动三个层面提出"万企兴万村"行动助推共同富裕的保障机制，尤其是探讨了共同富裕实现与民营经济发展间命运共同体的构建思路。

本章研究对"万企兴万村"行动助推共同富裕的微观机理与实现路径的研究有如下核心观点：

（1）乡村产业振兴是乡村全面振兴、农民收入提升的前提条件，也是实现城乡共同富裕的基础条件，而"万企兴万村"行动背景下的乡村产业振兴包括转型和升级两个方面。转型主要指乡村主导产业从传统形态向高新技术形态的转变，而升级更多是指乡村产业在国内外双循环广域价值链上从低附加值向高附加值环节的跃迁。目前，民营企业参与"万企兴万村"行动是乡村全面振兴、城乡共同富裕的重要驱动力量。

（2）乡村产业振兴的关键在于城乡产业协同创新基础上农村新型经营主体的

技术创新和商业模式创新,以及这种创新模式如何通过创新链构建(本质上是新颖知识传导)、供应链支撑(本质上是农产品上行)、产业链补齐(本质上是城乡产业双向融合),最终实现国内外双循环背景下农村企业产品在国内乃至国际产业链布局上附加值水平的提升。

(3)在巩固脱贫攻坚成果和乡村产业振兴的过程中,农村新型经营主体需要通过高效获取和吸收参与"万企兴万村"行动民营企业的专业性知识,努力自主创新以提升自身的"造血"功能,进而实现乡村振兴实践过程中与城市产业所构建生态系统的良性互动,以及"政府—市场—民营企业—农村新型经营主体"多维度的价值共创,这也是实现持久性城乡共同富裕的基础。

(4)需要结合特定乡村区域的特色资源禀赋、区域制度环境、供需和产销结构、城乡产业互动中的利益分配机制等因素,设计城乡共同富裕的"精准"实现路径。其中城乡利益分配机制创新是主线、乡村发展新动能培育是目标,"政府—市场—城市—乡村"多主体价值共创是关键,城乡特色产业协同聚力发展是核心,农村新型经营主体创新创业升级是基础。

第九章 民营企业参与乡村振兴长效机制
——数字技术赋能视角

第一节 引　言

实施乡村振兴战略,是党的十九大做出的重大决策部署,是新时代"三农"工作的总抓手。2020年,党的十九届五中全会审议通过了《中共中央关于制定国民经济和社会发展第十四个五年规划和二〇三五年远景目标的建议》,提出"实现巩固拓展脱贫攻坚成果同乡村振兴有效衔接""健全防止返贫监测和帮扶机制"。因此,全面实施乡村振兴战略,需要巩固拓展脱贫攻坚成果(特别是增强乡村产业"造血"功能以防止返贫),也就是要形成精准扶贫与乡村振兴二者之间有效的衔接路径。毋庸置疑的是,这一衔接路径的培育和实施都离不开宏观经济环境的演化趋势。

近年来,海量数据不断涌现、信息技术广泛应用以及人们对经济增长疲态的深刻反思,促使人类快速进入数字经济时代。当前,数据量正呈几何级数增长。以人工智能、大数据、云计算、区块链、物联网和5G等为代表的新一代信息技术的广泛应用,使人类处理和利用海量数据能力得到根本性的提升(马名杰等,2019)。过去30年中,全球数字投资对GDP增长的边际贡献率是非数字投资的7倍多(肖旭、戚聿东,2019)。因此,全球各国都把发展数字经济作为其重要战略。2017年,我国正式提出"促进数字经济成长"。截至2019年,我国数据总量、电子商务规模、个人移动支付额等位居全球第一,数字经济规模位居全球第二,已从全球数字经济跟跑者变为领跑者(杨炎,2019)。

本章研究认为,数字产业化和产业数字化是经济未来的发展趋势,加快农业集群数字化转型和实施数字乡村建设已成为推进"精准扶贫与乡村振兴有效衔接"的重要战略举措。一方面,作为全球首屈一指的农业大国,既可利用数字经济对全球产业分工的重大调整作用,为我国农业从"追赶"到"超越追赶"提供难得的"机会窗口",又可通过赋能产业和跨界融合等加速其转型升级,为防止返贫提供强有力的保障。另一方面,作为乡村振兴中极为重要的基石,乡村产业兴旺是乡村全面振兴的重点,数字乡村战略是乡村全面振兴的基础,二者能否适应数字经济背景将直接影响乡村振兴的进程。但现实情景却不容乐观:在少数农业企业积极推进的同时,大部分农业企业及乡村的数字化转型却进展缓慢。2017年底,全国参与"两化融合评估"的90000家企业中,仅有33%开始将信息化引入企业单项应用,超过80%的还未突破业务的综合集成(李君等,2019)。若未能在城乡协同、农业产业集群层面上进行有效的数字化转型,"数据孤岛"无法打通,则数字经济的倍增效应也将无法真正实现。这不仅无法获得数字经济的新优势反而有可能产生新的"数字鸿沟"(王玉柱,2018),甚至可能丧失乡村产业现有的规模、成本和产业链等方面传统优势。

综上所述,精准扶贫与乡村振兴有效衔接、农业数字化、数字化乡村和城乡协同数字化等趋势既势在必行要加快推进,又面临新的挑战需深入研究。因此,本章研究认为系统研究"数字经济助推精准扶贫与乡村振兴有效衔接实现路径"具有重大的理论和现实意义,这也是本书所依托研究项目未来的研究方向,在此先进行初步探讨。

目前,鲜有直接聚焦于"数字经济背景下精准扶贫与乡村振兴有效衔接"的高质量研究成果,相关研究成果主要散落在数字经济、乡村振兴和巩固脱贫攻坚成果与乡村振兴衔接三个领域。

(1)数字经济:历次产业革命演进,多是若干新技术群落更替迭代及共同作用的结果(马名杰等,2019)。20世纪50年代以来,先后出现的人工智能、大数据等新一代信息技术族群,共同推进着数字经济的形成和发展(李杰,2015)。与此同时,以Tapscott(1996)为代表的经济学家开始思考新一代信息技术对经济的影响并开启了数字经济研究的序幕。而后的20多年间,学者们就其概念与内涵(Manyika等,2011;Knickrehm等,2016;OECD,2017)、类型与范围(Mesenbourg,2001;李长江,2017)、指标与测评(OECD,2014;张雪玲,吴恬恬,2019)及作用与影响(陈春花,2019)等进行了大量的研究。数字经济一般是指以大数据形式存在的知识作为其主要生产要素,由新一代信息技术群作为其核心驱动力,有别于传统农业和工业经济的新经济形态;其主要特征包括新基础设施、新生产要素和新运行体系。数字经济包括数字产业化和产业数字化两大领域。目前,数字经济的测评主要集中在国家、地区和省(市)层面。

(2)乡村振兴:落实乡村振兴战略首先要实现资金、人才、技术等要素向"三农"倾斜(罗必良,黄祖辉,黄延信,等,2020);应当切实发挥乡村振兴试点村的引领作用,完善乡村基础设施建设(张芳,康芸芸,2020),夯实乡村振兴发展基础(凌经球,2019;程明等,2020)。乡村振兴背景下,制度化建设、发挥市场机制作用、激发贫困人口及贫困社区内生动力、推进与乡村振兴统筹衔接等方式能帮助解决2020年后农村相对贫困治理难题(左停,苏武峥,2020;安晓明,2020)。企业可通过关系投资方式,推动农村产业、资本、人才和市场的发育和成长,进而推进乡村振兴(李先军,2019;李清明,2020)。

(3)巩固脱贫攻坚成果与乡村振兴衔接:精准扶贫是乡村振兴的关键和基本前提(陈弘等,2018),乡村振兴是精准扶贫的深化和保障(李小云,2015;郭远智,2019)。精准脱贫与乡村振兴战略目前的衔接程度不高(王志章等,2020),多维贫困视角下的精准脱贫效果有待强化(毕明岩,2020),其解决方式就是构建长效机制,本质就是系统化的制度创新(陆益龙,2018)。依托"反贫困创新"理论分析框架,可以构建二者协同联动的运行机制(张敏敏,傅新红,2019;姜正君,2020;郑瑞强,郭如良,2021)、关联协同的多维行动框架(郑瑞强,2018;谭九生等,2021)以及多主体激励相容的参与及利益分配机制(朱海波,聂凤英,2020)。

尽管上述相关成果为本课题研究提供了有益的启示,但当前数字化转型理论研究起步不久,且农业数字化转型与一般产业情境相比,其数字化转型既有共性更具特性。因此,要破解"数字经济背景下精准扶贫与乡村振兴有效衔接"难题,以下三个关键问题亟需我们深入研究:①明晰数字经济背景下精准扶贫与乡村振兴有效衔接的内涵特征及基本框架;②探索数字经济助推精准扶贫与乡村振兴有效衔接的过程和推进机制;③提炼数字经济助推精准扶贫与乡村振兴有效衔接的典型路径并提出针对性的政策建议。

第二节 研究思路设计

未来对数字经济助推精准扶贫与乡村振兴有效衔接实现路径的研究目标为:依托数字经济背景,以有效推进精准扶贫与乡村振兴有效衔接为目标,从农业数字化和数字化乡村视角,紧扣乡村及乡村产业数字化转型的独有特征,探索其数字化转型过程中的若干重大理论和现实问题(包括基本过程、推进机制、典型路径和对策建议,以期创新农村经济学以及数字经济理论,最终为实现精准扶贫与乡村振兴有效衔接,在乡村振兴新征程上树标杆、做示范提供理论和政策贡献)。

未来对数字经济助推精准扶贫与乡村振兴有效衔接实现路径的研究内容可以重点考虑如下四个方面的内容。

(1)模块1:数字经济助推精准扶贫与乡村振兴有效衔接的体系构成:①在分析数字经济发展、精准扶贫与乡村振兴现状的基础上,总结数字经济助推精准扶贫与乡村振兴有效衔接的内涵和基本特征;②基于乡村经济是农户群体、家庭农场、新型经营主体、农民合作社等围绕龙头乡村企业在特定地理上所形成的有机体,拟从基础层面、产业层面和企业层面三个方面构建反映乡村及乡村产业数字化转型水平的基本框架。通过乡村所在地域数字化基础设施建设、产业平台赋能和数字农业企业打造,最终实现乡村产业兴旺背景下的精准扶贫与乡村振兴有效衔接在"乡村个体内部集成""不同乡村之间集成"和"全域范围内乡村集成",即"纵向集成""横向集成"和"端到端集成"。

(2)模块2:数字经济助推精准扶贫与乡村振兴有效衔接的过程机制:①受李君等(2019)思想启发,拟从数字化转型核心——"业务集成"出发,探索数字经济助推精准扶贫与乡村振兴有效衔接的基本过程:建设起步、个体突破和集成提升,并将其划分为初级、中级和高级三个阶段,并研究上述各阶段的特征;②受Saadatmand(2019)思想启发,针对性地提出和细化以"乡村及乡村产业数字化应用""乡村龙头企业内部业务集成推进""乡村龙头企业+协作企业共同数字化推进"和"乡村全域范围内产业链及基础治理协同推进"为特征的转型推进机制,并积极发挥地方政府和乡村基层机构的作用。

(3)模块3:数字经济助推精准扶贫与乡村振兴有效衔接的典型路径:①评价乡村数字化成熟度(digital maturity),借鉴Gerrit等(2017)的思想,从数字化影响(digital impact)和数字化就绪度(digital readiness)两方面评估乡村及乡村产业的数字化转型成熟度,在此基础上,将乡村及乡村产业数字化转型成熟度整合为乡村新型经营主体的数字化转型成熟度。②根据上述阶段划分,以乡村及乡村产业数字化集成为目标,提炼数字经济助推精准扶贫与乡村振兴有效衔接差异化的典型路径:高新技术和传统乡村产业数字化转型路径、中卫型和原子型乡村治理模块数字化转型路径,离散型和流程型乡村整体数字化转型路径以及生产者驱动和消费者驱动乡村整体数字化转型路径。③拟从以下四个方面检验典型路径的科学性:乡村数字治理体系是否从传统架构转向云架构、乡村产业资源是否从局部优化转向全局优化、城乡协同创新范式是否从经营主体内部协同转向全产业链协同、乡村产业振兴发展的重点是否向从基于产品的分工转向基于知识的分工。

(4)模块4:数字经济助推精准扶贫与乡村振兴有效衔接的对策建议:①探索基于目标体系、工作体系和评价体系为核心内容的政策体系研究。②构建以健全以下"五大体系"为导向的政策目标体系:农业互联网平台、数字化创新中心、农业新技术融合应用、乡村环保安全保障和数字化防止返贫服务能力。③设计数字经济助推精准扶贫与乡村振兴有效衔接的试点工作体系,主要包括试点的标准和方案、建设内容、考核标准和政策激励等。④设计精准扶贫与乡村振兴有效衔接评估工作体系,主要包括评估方案、评估标准和评估结果后激励等。

第三节 结　　论

未来对数字经济助推精准扶贫与乡村振兴有效衔接实现路径的研究将在如下方面体现创新点。

(1)新研究视域的选择:契合数字经济、精准扶贫与乡村振兴衔接两个主题。

精准扶贫与乡村振兴有效衔接的研究目前在国内尚处于初始阶段,研究视角和方法尚未形成较为通用的思路和模式;同时数字经济的相关理论研究较为深入,但应用于乡村振兴的研究较少。未来将数字经济助推与精准扶贫与乡村振兴有效衔接进行结合,创新性地将二者整合为一作为本项目研究的理论视域。

(2)新研究情境的应用:以乡村数字化为情境并嵌入网络化创新价值链。

从乡村全面振兴背景下精准扶贫与乡村振兴衔接的实际状况出发,将城乡创新资源协同、农业与乡村数字化转型过程耦合、乡村振兴范式的数字化微调等网络化创新价值链视角整合到数字经济助推精准扶贫与乡村振兴有效衔接的分析框架中,构筑代表最新发展趋势的数字经济助推精准扶贫与乡村振兴有效衔接的通用结构模型。

(3)新理论框架的构建:从治理机制上解析精准扶贫与乡村振兴衔接的框架。

应用超网络分析的方法,未来将探讨数字经济助推精准扶贫与乡村振兴有效衔接进程中各利益相关者的动态博弈行为、解构精准扶贫与乡村振兴有效衔接的过程与推进机制,同时从价值网络中各利益相关者群体共演的角度明确数字经济背景下精准扶贫与乡村振兴有效衔接科学实施的有效治理机制,从治理机制这一微观基础上拓展、延伸进而完善精准扶贫与乡村振兴衔接的理论分析框架。

第十章 民营企业参与乡村振兴长效机制
——新型消费特征驱动视角

第一节 引　　言

　　党的二十大报告指出"增强消费对经济发展的基础性作用和投资对优化供给结构的关键作用"，2020年，国务院办公厅发布《关于以新业态新模式引领新型消费加快发展的意见》也指出要发展新业态新模式为特征的新型消费，进一步优化新业态新模式引领新型消费发展的环境，进一步提升新型消费产品的供给质量。数字技术赋能令偏远欠发达地区的消费者同样可以购买优质产品，体验无差别的优质服务。2022年《中共中央　国务院关于做好2022年全面推进乡村振兴重点工作的意见》提出"大力推进数字乡村建设"和"实施'数商兴农'工程"。因此，全面推进民营企业参与乡村振兴战略，既需要应用技术赋能推进数字乡村建设，又需契合数字时代新型消费特征来引导农业经济增效提质。这就引申出了一个极具自然的问题：如何科学预判数字时代新型消费特征的演化趋势，进而设计合理的乡村产业振兴路径，持续性依托新型消费特征赋能乡村振兴。

　　本章研究认为，数字时代新型消费特征能够为乡村产业终端产品提供更为广阔的市场容量和衍生形态。从供给侧来看，乡村产业创新发展能够依托数字产业化和产业数字化双向路径，使乡村产业生产、流通、消费全环节处于开放环境中，推动乡村产业发展过程中的效率变革、动力变革、质量变革，成为中国现代化经济体系建设的重要引擎。因此契合数字时代新型消费特征的乡村产业振兴行动能够助推乡村全面振兴，对民营企业参与乡村振兴问题的探讨较为重要，对城乡共同富裕战略目标任务的完成意义重大，但其具体的微观机理、实现路径和保障机制尚待明晰,这也是本书所依托研究项目未来的研究方向,在此先进行初步探讨。

本章研究首先对国内外相关研究进行了梳理。

(1)数字时代新型消费特征:数字经济能够产生显著的"消费激励"效应(刘洋,2023),其中数字金融能促进居民总消费,还通过拉动高档商品消费、抑制基本商品消费,促进消费结构优化升级(贺建风,吴慧,2023)。数字经济发展对本地居民消费结构升级影响呈现"倒U"形关系,对邻域居民消费结构升级影响表现出正向空间溢出效应(熊颖,郭守亭,2023)。数字经济背景下消费新特征传达出了未来消费市场的发展方向:释放新时代消费者的消费潜力、推动线上线下消费有机融合、注重绿色健康消费和大力发展服务消费(任保平,杜宇翔,裴昂,2022)。

(2)乡村产业振兴:落实乡村产业振兴战略首先要实现资金、人才、技术等要素向"三农"倾斜,同时要完善产权制度,以制度促发展(罗必良,黄祖辉,黄延信,等,2020);应当切实发挥乡村振兴试点村的引领作用,完善乡村基础设施建设(张芳,康芸芸,2020),夯实乡村振兴发展基础(凌经球,2019;程明等,2020)。乡村振兴背景下,制度化建设、发挥市场机制作用、激发贫困人口及贫困社区内生动力、推进与乡村振兴统筹衔接等方式能帮助解决2020年后农村相对贫困治理难题(左停,苏武峥,2020;安晓明,2020)。

现有数字时代消费特征演化的研究成果与日俱增,但其研究思路基本集中于数字经济对顾客群体消费习惯、消费结构、消费潜力等维度的影响,以及数字时代新型消费特征演化的地域属性,将研究思路延伸至新型消费特征与经济发展模型关联的观点较少。特别是聚焦民营企业参与乡村振兴领域,专注于探讨数字时代新型消费特征驱动乡村产业振兴路径的研究还较为欠缺,主要有如下三个关键问题急需深入研究:①明晰数字时代新型消费特征驱动乡村产业振兴微观机理;②探索数字时代新型消费特征驱动乡村产业振兴实现路径;③提炼数字时代新型消费特征驱动乡村产业振兴保障机制。

第二节 研究思路设计

未来对数字时代新型消费特征驱动乡村产业振兴机制研究的价值：在推进经济高质量发展中促进共同富裕的背景下，以契合数字时代顾客消费特征的乡村产业形态创新为切入点，将数字经济催生消费提质升级与乡村产业振兴促进共同富裕整合于一个框架之中，探讨数字时代新型消费特征驱动乡村产业振兴的微观机理、实现路径和保障机制，更为深入地推进民营企业参与乡村振兴的进程和绩效。

未来对数字时代新型消费特征驱动乡村产业振兴机制的研究将以数字时代消费水平、消费结构和消费潜力的更迭趋势为背景，探索契合数字时代新型消费特征的乡村产业创新发展过程中的若干重大理论和现实问题：理论体系、微观机理、实现路径和保障机制，为"数智乡村建设""农业数字化转型"和"全体人民共同富裕取得更为明显的实质性进展"目标的实现提供理论和政策贡献。其研究重点在于：从数字时代新型消费特征驱动乡村产业振兴，进而实现共同富裕的关键——"契合数字时代顾客消费特征的乡村产业形态创新"出发，明确顾客消费特征演化与乡村产业振兴的逻辑关联；探讨完全理性、理性偏好及非理性决策、非理性偏好及理性决策、完全非理性四种类型消费群体购买力驱动乡村产业振兴的成熟度水平和差异化路径；提炼出从互联网"知识溢出效应"、电商平台"消费释放效应"两个方面设计数字时代新型消费特征驱动乡村产业振兴的动态优化模式，同时探索以乡村全面振兴为导向，设计满足数字时代新型消费特征与乡村产业振兴深度契合、利益共享机制的构建方法。

未来对数字时代新型消费特征驱动乡村产业振兴机制的研究内容可以重点考虑如下四个方面的内容，遵循"文献与现状研究→案例分析→数据采集→实证分析→归纳演绎→政策建议"展开：

(1) 模块1：数字时代新型消费特征驱动乡村产业振兴的理论体系研究。①结合相关文献，采取案例对比分析的方法，归纳出数字时代顾客群体消费水平、消费结构和消费潜力的更迭趋势，就"数字时代新型消费特征对乡村产品的需求特征"展开分析；②在前面比较研究的基础上，概括"数字时代新型消费特征驱动乡村产业创新的实践形态";③从政策引导、主体协同、合作方式、收益回报和风险分担等方面归纳数字时代新型消费特征驱动乡村产业振兴的理论体系。

(2)模块2:数字时代新型消费特征驱动乡村产业振兴的微观机理研究。①拟从数字时代新型消费特征驱动乡村产业振兴,进而实现共同富裕的关键——"契合数字时代顾客消费特征的乡村产业形态创新"出发,解析顾客消费特征演化与乡村产业振兴的逻辑关联:理论逻辑、实践逻辑、历史逻辑和国际逻辑;②利用聚类分析方法,研究不同地域内数字时代消费特征变化驱动乡村产业创新时间演进及空间分异的差异水平;③以数据要素驱动、城乡产业融合、资本增值逻辑为视角,解析数字时代新型消费特征与乡村产业振兴的协同机制。

(3)模块3:数字时代新型消费特征驱动乡村产业振兴的实现路径研究。①结合数字时代顾客在生存型消费、发展型消费与享受型消费三个维度上的变化趋势,推演数字时代顾客群体对乡村产业终端产品的消费水平、消费结构与消费潜力;②将数字时代新型消费群体解析为完全理性、理性偏好及非理性决策、非理性偏好及理性决策、完全非理性四种类型,探讨四种类型消费群体购买力驱动乡村产业振兴的成熟度水平和差异化路径;③综合成熟度评价和差异性对比结果,并基于消费群体潜力在乡村产业振兴过程中的嵌入性特征和资源依赖性,从互联网"知识溢出效应"、电商平台"消费释放效应"两个方面设计数字时代新型消费特征驱动乡村产业振兴的动态优化模式,为保障机制的设计提供事实依据与政策切入点。

(4)模块4:数字时代新型消费特征驱动乡村产业振兴的保障机制研究。针对数字时代顾客消费偏好变化、城乡产业融合、乡村产业创新过程中利益分配的发展现状及其演化趋势,提出相关保障体系的构建思路。①政策设计层面:探索立足"共同"与"富裕"的目标要求,构建数字时代新型消费特征驱动乡村产业振兴的保障政策体系安排。②行业融合层面:基于行业同群效应,解析推进数字时代乡村创业振兴的"四种保障力量",即农产品新型消费趋势的拉动力、农村新型经营主体培育的内驱力、乡村振兴所致农民群体富裕水平提升的推动力、数字时代专业知识溢出所致的外延力。③平台驱动层面:探索以乡村全面振兴为导向,设计满足数字时代新型消费特征与乡村产业振兴深度契合、利益共享机制的构建方法。

第三节 结　　论

未来对数字时代新型消费特征驱动乡村产业振兴机制研究的创新点可以概括为：

（1）研究视角创新：①契合数字时代新型消费特征演化这一情境，为乡村产业振兴问题的研究找到了新的切入点；②从理论逻辑、实践逻辑、历史逻辑和国际逻辑四个方面来解析顾客消费特征演化与乡村产业振兴的逻辑关联，为数字时代新型消费特征驱动乡村产业振兴微观机理的研究确定了新的联结桥梁；③从互联网"知识溢出效应"、电商平台"消费释放效应"两个方面设计数字时代新型消费特征驱动乡村产业振兴的动态优化模式，为乡村产业振兴的动态优化提出了新的测度思路。

（2）研究内容创新：①将数字时代新型消费特征驱动乡村产业振兴的微观机理解析为多维度逻辑关联、利益分配机制、协同机制设计三个方面进行探索；②通过并行比较乡村振兴成熟度的时空分异水平，设计数字时代新型消费特征驱动乡村产业振兴的动态优化模式；③从政策设计、行业融合、平台驱动三个层面提出数字时代新型消费特征驱动乡村产业振兴的保障机制。

（3）研究方法创新：①整合不同来源的数据满足研究需要：实地调研和问卷发放所获得的一手数据、网络爬虫工具所抓取网页上的二手数据；②结合典型案例研究、多种统计方法和仿真研究，力求研究过程创新、科学和规范。

未来对数字时代新型消费特征驱动乡村产业振兴机制研究的核心观点可以概括为：

（1）数字经济对顾客群体生存型消费、发展型消费与享受型消费的影响程度存在差异，三种消费类型的组合会影响其对乡村产业终端产品的消费水平、消费结构与消费潜力，进而催生出乡村产业振兴的不同形态。

（2）数字时代新型消费特征引致农村新型经营主体的技术创新和商业模式创新，这种创新模式能够通过创新链构建（本质上是新颖知识传导）、供应链支撑（本质上是农产品上行）、产业链补齐（本质上是城乡产业双向融合），最终推动乡村产业振兴。

（3）数字经济可以通过消费升级来拓展乡村产业的终端市场,通过提升经济运行效率畅通国内大循环,且上述效用均存在区域差异性。因此应当针对性地契合数字时代新型消费特征,同时结合特定乡村区域的特色资源禀赋、区域制度环境、供需和产销结构、城乡产业互动中的利益分配机制等因素,设计乡村产业振兴的"精准"实现路径。

参 考 文 献

[1] Aguilera R V, Rupp D E, Williams C A, et al. Putting the S Back in Corporate Social Responsibility: A Multilevel Theory of Social Change in Organizations[J]. Academy of Management Review, 2007, 32(3):836-863.

[2] Aguinis H, Glavas A. What We Know and Don't Know About Corporate Social Responsibility: A Review and Research Agenda[J]. Journal of Management, 2012, 38(4):932-968.

[3] Alvarez S A, Barney J B, Newman A M B. The Poverty Problem and the Industrialization Solution[J]. Asia Pacific Journal of Management, 2015, 32(1): 23-37.

[4] An W, Liu H, Zhao X, Wu L. Bricolage, Subjective Opportunity Set and Corporate Entrepreneurship: A Subjectivist View[C]. Madrid: Strategic Management Society Annual International Conference, 2014.

[5] Anselin L, Bera A K, Florax R, et al. Simple Diagnostic Tests for Spatial Dependence[J]. Regional Science and Urban Economics, 1996, 26(1):77-104.

[6] Arellano M, Bond S. Some Tests of Specification for Panel Data: Monte Carlo Evidence and an Application to Employment Equations[J]. Review of Economic Studies, 1991, 58(2):277-297.

[7] Barber B M, Odean T. Trading is Hazardous to Your Wealth: The Common Stock Investment Performance of Individual Investors[J]. The Journal of Fi-

nance, 2000, 55(2):773-806.

[8] Baker T, Nelson R E. Creating Something from Nothing: Resource Construction Through Entrepreneurial Bricolage[J]. Administrative Science Quarterly, 2005, 50(3):329-366.

[9] Bantel K, Jackson S. Top Management and Innovations in Banking: Does the Composition of The Top Team Make A Difference[J]. Strategic Management Journal, 1989, 10(1):107-124.

[10] Baron R, Henry R. The Role of Expert Performance in Entrepreneurship: How Entrepreneurs Acquire the Capacity to Excel[A]. Bloomington: Conference proceedings of the 26th Babson College Entrepreneurship Research Conference, 2006.

[11] Blundell R, Bond S, Windmeijer F. Estimation in Dynamic Panel Data Models: Improving on the Performance of the Standard GMM Estimator[J]. Advance in Economics, 2000, 15(2):53-91.

[12] Bond S R. Dynamic Panel Data Models: A Guide to Micro Data Methods and Practice [J]. Portuguese Economic Journal, 2002, 1(2):141-162.

[13] Calvet L E, Campbell J Y, Sodini P. Fight or Flight? Portfolio Rebalancing by Individual Investors[J]. The Quarterly Journal of Economics, 2009, 124(1): 301-348.

[14] Campbell J L. Why Would Corporations Behave in Socially Responsible Ways? An Institutional Theory of Corporate Social Responsibility[J]. Academy of Management Review, 2007, 32(3):946-967.

[15] Carroll A B. A Three-Dimensional Conceptual Model of Corporate Performance[J]. Academy of Management Review, 1979, 4(4):497-505.

[16] Carroll A B, Shabana K M. The Business Case for Corporate Social Responsibility: A Review of Concepts, Research and Practice[J]. International Journal of Management Reviews, 2010, 12(1):85-105.

[17] Casciaro T, Piskorski M J. Power Imbalance, Mutual Dependence, and Constraint Absorption: A Closer Look at Resource Dependence Theory[J]. Administrative Science Quarterly, 2005, 50(2):167-199.

[18] Chakravarthy J, E DeHaan, S Rajgopal. Reputation Repair after a Serious Restatement[J]. The Accounting Review, 2014, 89(4):1329-1363.

[19] Chandler G, Lyon D. Involvement in Knowledge-Acquisition Activities by Venture Team Members and Venture Performance[J]. Entrepreneurship Theory and Practice, 2009, 33(3):571-592.

[20] Chen C J P, Li Z, Su X, et al. Rent-Seeking Incentives, Corporate Political Connections and the Control Structure of Private Firms: Chinese Evidence[J]. Journal of Corporate Finance, 2011, 17(2):229-243.

[21] Chen Y, Li H, Zhou L A. Relative Performance Evaluation and the Turnover of Provincial Leaders in China[J]. Economics Letters, 2005, 88(3): 421-425.

[22] Chrisman J J, Chua J H, Pearson A W, et al. Family Involvement, Family Influence, and Family-Centered Non-Economic Goals in Small Firms[J]. Entrepreneurship Theory and Practice, 2012, 36(2):267-293.

[23] Covin J G, Slevin T J. A Conceptual Model of Entrepreneurship as Firm Behavior [J]. Entrepreneurship Theory and Practice, 1991, 16(1):7-24.

[24] DiMaggio P J, Powell W W. The Iron Cage Revisited: Institutional Isomorphism and Collective Rationality in Organizational Fields[J]. American Sociological Review, 1983:147-160.

[25] Du S, Vieira E T. Striving for Legitimacy Through Corporate Social Responsibility: Insights from Oil Companies[J]. Journal of Business Ethics, 2012, 110(4): 413-427.

[26] Ferneley E, Bell F. Using Bricolage to Integrate Business and Information Technology Innovation in SMEs[J]. Technovation, 2006, 26(2):232-241.

[27] Flammer C. Corporate Social Responsibility and Shareholder reaction: The Environmental Awareness of Investors[J]. Academy of Management Journal, 2013, 56(3):758-781.

[28] Freeman R B. Unionism comes to the Public Sector[R]. National Bureau of Economic Research, 1984.

[29] Haushalter Jeanne P; Faris Gregory W Strategy for photostable proximity bioassays using lanthanides[J]. Applied Optics, 2007, 46(10):1918-1923.

[30] Jamali D, Zanhour M, Keshishian T, Peculiar Strengths and Relational Attributes of SMEs in the Context of CSR[J]. Journal of Business Ethics, 2009(3): 355-377.

[31] Jeong Y, Kim T. Between Legitimacy and Efficiency: An Institutional Theory of Corporate Giving[J]. Academy of Management Journal, 2016, 62(5):1583-1608.

[32] Jorge M L, Madueno J H, Lechuga Sancho M P, et al. Development of Corporate Social Responsibility in Small and Medium-sized Enterprises and its Nexus with Quality Management[J]. Cogent Business&Management, 2016, 3(1):1228569-122.

[33] Keupp M, Gassmann O. Resource Constraints as Triggers of Radical Innovation: Longitudinal Evidence From the Manufacturing Sector [J]. Research Policy, 2013, (8):1457-1468.

[34] Knickrehm M, Berthon B, Daugherty P. Digital Disruption: The Growth Multiplier[R]. Dublin: Accenture, 2016.

[35] Levi-Strauss C. The Savage Mind[M]. Chicago: University of Chicago Press, 1965:17-18.

[36] Leung A, Zhang J, Wong P K, et al. The Use of Networks in Human Resource Acquisition for Entrepreneurial Firms: Multiple fit Considerations [J]. Journal of Business Venturing, 2006, 21(5):664-686.

[37] Li S H, Song X Z, Wu H Y. Political Connection, Ownership Structure, and Corporate Philanthropy in China: A Strategic Political Perspective[J]. Journal of Business Ethics, 2015(129): 399-411.

[38] Lumpkin G T, Lichtenstei B B. The Role of Organizational Learning in the Opportunity-Recognition Process [J]. Entrepreneurship Theory and Practice, 2005, 29(4): 451-472.

[39] Mesenbourg, Thomas L. Measuring Electronic Business: Definitions, Underlying Concepts, and Measurement Plans [R]. US Bureau of the Census. 2001

[40] Miner A S, Bassof P, Moorman C. Organizational Improvisation and Learning: A Field Study [J]. Administrative Science Quarterly, 2001, 46(2): 304-337.

[41] Nickell S. Biases in Dynamic Models with Fixed Effects[J]. Econometrica, 1981, 49(6): 1417-1426.

[42] OECD. OECD Digital Economy Outlook 2017[ED/OL]. Paris: OECD Publishing, 2017[2019-10-12]. http://dx.doi.org/10.1787/9789264276284-en.

[43] Park E, Kim K J, Kwon S J. Corporate Social Responsibility as a Determinant of Consumer Loyalty: An Examination of Ethical Standard, Satisfaction, and Trust[J]. Journal of Business Research, 2017(6): 8-13.

[44] Petti C, Zhang S. Factors Influencing Technological Entrepreneurship Capabilities: Towards an Integrated Research Framework for Chinese Enterprises [J]. Journal of Technology Management in China, 2011, 6(1), 7-25.

[45] Politis D. The Process of Entrepreneurial Learning: A Conceptual Framework [J]. Entrepreneurship Theory and Practice, 2005, 29(4): 399-424.

[46] Reuber R, Fischer E. Understanding the Consequences of Founder's Experience [J]. Journal of Small Business Management, 1999(37): 30-45.

[47] Salunke S, Weerawardena J, Mc Coll-Kennedy J R. Competing through Service Innovation: The Role of Bricolage and Entrepreneurship in Project-Ori-

ented Firms [J]. Journal of Business Research,2013,66(8):1085-1097.

[48] SEN A. The Idea of Justice[M].Cambridge:Belknap Press of Harvard University Press,2009.

[49] Senechal S, Georges L, Pernin J L. Alliances between Corporate and Fair Trade Brands: Examining the Antecedents of Overall Evaluation of the Co-branded Product[J].Journal of Business Ethics,2014,124(3):365-381.

[50] Sennyard J, Baker T, Steffens P, et al. Bricolage as a Path to Innovativeness for Resource Constrained New Firms [J]. Journal of Innovation Managemet, 2014,31(2):211-230.

[51] Senyard J, Baker T, Steffens P R. Entrepreneurial Bricolage and Firm Performance: Moderating Effects of Firm Change and Innovativeness [C]. Montreal:AnnualMeeting of the Academy of Management,2011.

[52] Senyard J M, Baker T, Davidsson P. Entrepreneurial Bricolage: Towards Systematic Empirical Testing[J]. Frontiers of Entrepreneurship Research, 2009,29(5):1-15.

[53] Sicular T, Yue X, Gustafsson B, et al. The Urban-Rural Income Gap and Income Inequality in China//Understanding In equality and Poverty in China [M].London :Palgrave Macmillan,2008.

[54] Steffens P R, Baker T, Senyard J M. Betting on the Underdog: Bricolage as an Engine of Resource Advantage [C]. Montreal: Proceedings of Annual Meeting of the Academy of Management,2010.

[55] Sutaria V, Hicks D A. New Firm Formation: Dynamics and Determinants[J]. Annals of Regional Science,2004,38(2):241-262.

[56] Tang P, Yang S, Fu S. Do Political Incentive Affects China's land Transfer in Energy-Intensive Industries?[J]. Energy, 2018, 16(4):550-559.

[57] Tapscott D. The Digital Economy:Promise and Peril in the Age of Networked Intelligence[M]. New York:McGraw Hill,1996.

[58] Ucbasaran D, Westhead P, Wright M. The Extent and Nature of Opportunity Identification by Experienced Entrepreneurs[J]. Journal of Business Venturing, 2009, 24(2):99-115.

[59] Wagle U. Rethinking Poverty: Definition and Measurement[J]. International Social Science Journal, 2002, 54(171):155-165.

[60] Waddock S A, Bodwell C, Graves S B. Responsibility: The New Business Imperative[J]. Academy of Management Perspectives, 2002, 16(2):132-148.

[61] Wang H, Choi J, Li J. Too Little or too Much? Untangling the Relationship between Corporate Philanthropy and Firm Financial Performance[J]. Organization Science, 2008, 19(1):143-159.

[62] Wang D, Du F, Marquis C. Defending Mao's Dream: How Politicians' Ideological Imprinting Affects Firms' Political Appointment in China[J]. Academy of Management Journal, 2019, 62(4):1111-1136.

[63] Wang H, Qian C. Corporate Philanthropy and Corporate Financial Performance: The Roles of Stakeholder Response and Political Access[J]. Academy of Management Journal, 2011, 54(6):1159-1181.

[64] Warschauer M, Healey D. Computers and Language Learning: An overview [J]. Language Teaching, 1998, 31(2):57-71.

[65] Wilson C, Wilson P. Make Poverty Business: Increase Profits and Reduce Risks by Engaging with the Poor[M]. London:Routledge, 2006.

[66] Wuttke M, Vilks A. Poverty Alleviation through CSR in the Indian Construction Industry[J]. Journal of Management Development, 2014.

[67] Xu C. The Fundamental Institutions of China's Reforms and Development[J]. Journal of Economic Literature, 2011, 49(4):1076-1151.

[68] Xu D, Zhou K Z, Du F. Deviant Versus Aspirational Risk Taking: The Effects of Performance Feedback on Bribery Expenditure and R&D Intensity[J]. Academy of Management Journal, 2019, 62(4):1226-1251.

[69] Zahra S A, Nielsen A P. Sources of Capabilities, Integration and Technology Commercialization[J]. Strategic Management Journal, 2002, 23(5), 377-398.

[70] Zhang J, Marquis C, Qiao K. Do Political Connections Buffer Firms from or Bind Firms to the Government? A Study of Corporate Charitable Donations of Chinese Firms[J]. Organization Science, 2016, 27(5): 1307-1324.

[71] Zhao Y, Li Y, Lee S H, Chen L B. Entrepreneurial Orientation, Organizational Learning, and Performance: Evidence from China [J]. Entrepreneurship Theory and Practice, 2011, 35(2): 293-317.

[72] Zucker L G. Institutional Theories of Organization[J]. Annual Review of Sociology, 1987, 13(1): 443-464.

[73] 蔡莉,单标安.创业网络对新企业绩效的影响:基于创建期、存活期及成长期的实证分析[J].中山大学学报(社会科学版),2010(4):189-197.

[74] 蔡莉,汤淑琴,马艳丽,等.创业学习、创业能力与新企业绩效的关系研究[J].科学学研究,2014(8):1189-1197.

[75] 陈彪,蔡莉,陈琛,等.新企业创业学习方式研究——基于中国高技术企业的多案例分析[J].科学学研究,2014(3):392-399.

[76] 陈春花.传统企业数字化转型能力体系构建研究[J].学术前沿,2019,(9):6-12.

[77] 陈爽英,井润田,龙小宁,等.民营企业家社会关系资本对研发投资决策影响的实证研究[J].管理世界,2010(1):88-97.

[78] 陈文胜.论乡村振兴与产业扶贫[J].农村经济,2019(9):1-8.

[79] 陈文胜.脱贫攻坚与乡村振兴有效衔接的实现途径[J].贵州社会科学,2020(1):11-14.

[80] 陈文婷,李新春.中国企业创业学习:维度与检验[J].经济管理,2010(8):63-72.

[81] 陈义媛.农村集体经济发展与村社再组织化——以烟台市"党支部领办合作社"为例[J].求实,2020(6):68-81.

[82] 戴亦一,潘越,刘思超.媒体监督、政府干预与公司治理:来自中国上市公司财务重述视角的证据[J].世界经济,2011(11):121-144.

[83] 邓磊,罗欣.脱贫攻坚与乡村振兴衔接理路探析[J].江汉论坛,2020(2): 51-56.

[84] 豆书龙,叶敬忠.乡村振兴与脱贫攻坚的有机衔接及其机制构建[J].改革, 2019(1):19-29.

[85] 段匡哲.集群内网络关系对企业技术创业的影响机理究[D].杭州:浙江大学,2015.

[86] 杜世风,石恒贵,张依群.中国上市公司精准扶贫行为的影响因素研究——基于社会责任的视角[J].财政研究,2019(2):104-115.

[87] 樊杰,周侃,伍健雄.中国相对贫困地区可持续发展问题典型研究与政策前瞻[J].中国科学院院刊,2020(10):1249-1263.

[88] 傅超,杨曾,傅代国."同伴效应"影响了企业的并购商誉吗?——基于我国创业板高溢价并购的经验证据[J].中国软科学,2015(11):94-108.

[89] 高帆.城乡二元结构转化视域下的中国减贫"奇迹"[J].学术月刊,2020(9): 54-66.

[90] 高强.脱贫攻坚与乡村振兴有机衔接的逻辑关系及政策安排[J].南京农业大学学报(社会科学版),2019(5):15-23,154-155.

[91] 高祥.创业学习对新创企业绩效的作用关系研究—创业能力的中介作用[D].长春:吉林大学,2013.

[92] 高云龙,徐乐江,谢经荣.中国民营企业社会责任报告(2018)[M].北京:社会科学文献出版社,2018.

[93] 耿达.民族地区脱贫攻坚与乡村振兴有效衔接的文化路径——基于一个少数民族村寨的文化扶贫实践[J].思想战线,2021(5):130-139.

[94] 耿言虎.村庄内生型发展与乡村产业振兴实践——以云南省芒田村茶产业发展为例[J].学习与探索,2019(1):24-30.

[95] 龚诗阳,李倩,余承铩.在线社交对消费者需求的影响研究——基于网络视频产业的实证分析[J].中国软科学,2017(6):39-48.

[96] 顾夏铭,陈勇民,潘士远.经济政策不确定性与创新——基于我国上市公司

的实证分析[J].经济研究,2018(2):109-123.

[97] 郭俊华,边少颖.西部地区异地移民搬迁精准扶贫的企业扶贫模式探析——基于恒大集团大方县扶贫的经验[J].西北大学学报(哲学社会科学版),2018(6):43-52.

[98] 郭险峰.认知与激活:民族地区农牧民主体地位研究——基于四川6个民族村的调查与思考[J].广西民族研究,2020(4):140-147.

[99] 郭远智,刘彦随.中国乡村发展进程与乡村振兴路径[J].地理学报,2021,(6):1408-1421.

[100] 韩美群,余漩.中国共产党百年反贫困事业的发展历程与经验启示[J].华中农业大学学报(社会科学版),2021(5):14-21.

[101] 何华.创业学习对创业绩效的影响机制研究[D].南宁:广西大学,2014.

[102] 贺林波,李蓢.产业精准扶贫的风险困境和对策建议[J].宏观经济管理,2019(12):24-30.

[103] 何贤杰,肖土盛,陈信元.企业社会责任信息披露与公司融资约束[J].财经研究,2012(8):60-71,83.

[104] 贺建风,吴慧.数字金融、数字鸿沟与居民消费[J].山西财经大学学报,2023(3):43-56.

[105] 贺新闻,张城,侯建霖,等.中小型产业扶贫企业可持续发展能力研究[J].软科学,2020(10):70-75.

[106] 贺雪峰.贫困地区产业扶贫为何容易失败[N].第一财经日报,2017-07-12(A11).

[107] 刘学敏.贫困县扶贫产业可持续发展研究[J].中国软科学,2020(3):79-86.

[108] 洪佳莹.企业精准扶贫对融资约束的缓解效应研究[D].杭州:浙江财经大学,2018.

[109] 侯晓东,朱巧玲,万春芳.百年共同富裕:演进历程、理论创新与路径选择[J].经济问题,2022(2):1-8.

[110] 胡苏华.税收政策助力乡村产业振兴:作用机理、实施现状与完善建议[J].

税务研究,2022(10):49-53.

[111] 胡望斌,张玉利,杨俊.同质性还是异质性:创业导向对技术创业团队与新企业绩效关系的调节作用研究[J].管理世界,2014(6):92-109.

[112] 胡浩志,张秀萍.参与精准扶贫对企业绩效的影响[J].改革,2020(8):117-131.

[113] 胡日东,钱明辉,郑永冰.中国城乡收入差距对城乡居民消费结构的影响——基于LA/AIDS拓展模型的实证分析[J].财经研究,2014(5):75-87.

[114] 胡钰,付饶,金书秦.脱贫攻坚与乡村振兴有机衔接中的生态环境关切[J].改革,2019(10):141-148.

[115] 黄承伟.论乡村振兴与共同富裕的内在逻辑及理论议题[J].南京农业大学学报(社会科学版),2021(6):1-9.

[116] 黄健柏,徐震,徐珊.土地价格扭曲,企业属性与过度投资——基于中国工业企业数据和城市地价数据的实证研究[J].中国工业经济,2015(3):57-69.

[117] 黄少安.改革开放40年中国农村发展战略的阶段性演变及其理论总结[J].经济研究,2018(12):4-19.

[118] 黄珺,李云,段志鑫.媒体关注、产权性质与企业精准扶贫[J].华东经济管理,2020(6):112-120.

[119] 黄宗智.小农户与大商业资本的不平等交易:中国现代农业的特色[J].开放时代,2012(3):88-99.

[120] 黄祖辉.准确把握中国乡村振兴战略[J].中国农村经济,2018(4):2-12.

[121] 贾晋,尹业兴.脱贫攻坚与乡村振兴有效衔接:内在逻辑、实践路径和机制构建[J].云南民族大学学报(哲学社会科学版),2020(3):68-74.

[122] 贾雨佳.精准扶贫水平与利润相关性研究——基于A股上市公司的经验证据[J].行政事业资产与财务,2018(15):36-38.

[123] 姜长云.新发展格局、共同富裕与乡村产业振兴[J].南京农业大学学报(社会科学版),2022(1):1-11,22.

[124] 姜正君.脱贫攻坚与乡村振兴的衔接贯通:逻辑、难题与路径[J].西南民族大学学报(人文社会科学版),2020(12):107-113.

[125] 孔祥智,周振.新型农业经营主体发展必须突破体制机制障碍[J].河北学刊,2020(6):110-117.

[126] 李波,宋俞辰.推动脱贫攻坚与乡村振兴有效衔接的财政支持研究[J].财政监督,2021(9):11-17.

[127] 李建平,梅晓光."双循环"新发展格局下乡村振兴面临的挑战与对策分析[J].理论探讨,2021(3):133-138.

[128] 李江一,李涵.城乡收入差距与居民消费结构:基于相对收入理论的视角[J].数量经济技术经济研究,2016(8):97-112.

[129] 李婧,贺小刚,连燕玲,等.业绩驱动、市场化进程与民营企业创新精神[J].管理评论,2016(1):96-108.

[130] 李军国,宗宇翔,李明亮.财政支持乡村建设行动需要解决的瓶颈问题[J].现代农村财经,2022(3):48-51.

[131] 李实,陈宗胜,史晋川,等."共同富裕"主题笔谈[J].浙江大学学报(人文社会科学版)2022(1):6-21.

[132] 李实,朱梦冰.推进收入分配制度改革促进共同富裕实现[J].管理世界,2022(1):52-61,76.

[133] 李书奎,任金政.脱贫攻坚与乡村振兴的融合发展——扶贫资产管理视角[J].农村金融研究,2021(2):20-27.

[134] 李小云,于乐荣,唐丽霞.新中国成立后70年的反贫困历程及减贫机制[J].中国农村经济,2019(10):2-18.

[135] 李新春,张鹏翔,叶文平.家族企业跨代资源整合与组合创业[J].管理科学学报,2016(18):1-18.

[136] 李兴洲,侯小雨,赵陶然.从"脱贫攻坚"到"乡村振兴":过渡阶段的关键问题与应对策略[J].教育与经济,2021(6):3-9.

[137] 李维安,王鹏程,徐业坤.慈善捐赠、政治关联与债务融资——民营企业

与政府的资源交换行为[J].南开管理评论,2015(1):4-14.

[138] 李先军,黄速建.新中国70年企业扶贫历程回顾及其启示[J].改革,2019(7):16-26.

[139] 李文星,徐长生,艾春荣.中国人口年龄结构和居民消费:1989—2004[J].经济研究,2008(7):118-129.

[140] 刘春济,彭屹.分权框架下区位对中国企业社会责任表现的影响[J].中国经济问题,2019(2):65-77.

[141] 刘春济,朱梦兰.谁影响了谁:产权性质、企业社会责任溢出与表现[J].经济管理,2018(12):105-122.

[142] 柳光强.税收优惠、财政补贴政策的激励效应分析——基于信息不对称理论视角的实证研究[J].管理世界,2016(10):62-71.

[143] 刘合光.以共同富裕为目标推进城乡融合发展的逻辑与路径[J].社会科学辑刊,2022,(1):149-157.

[144] 刘红岩.中国产业扶贫的减贫逻辑和实践路径[J].清华大学学报(哲学社会科版),2021(1):156-167,205.

[145] 刘焕,秦鹏.脱贫攻坚与乡村振兴的有机衔接:逻辑、现状和对策[J].中国行政管理,2020(1):155-157.

[146] 刘蓝予,周黎安.县域特色产业崛起中的"官场＋市场"互动——以洛川苹果产业为例[J].公共管理学报,2020(2):116-127.

[147] 刘井建.创业学习对新创企业成长绩效的作用机理研究[J].哈尔滨工程大学学报,2011(4):519-524.

[148] 刘林.基于信号理论视角下的企业家政治联系与企业市场绩效的关系研究[J].管理评论,2016(3):94-105.

[149] 刘瑞明.金融压抑、所有制歧视与增长拖累——国有企业效率损失再考察[J].经济学(季刊),2011(2):603-618.

[150] 刘奇.脱贫攻坚与乡村振兴有效衔接,接什么?如何接?[J].中国发展观察,2021(5):47-48.

[151] 刘青松,肖星.败也业绩,成也业绩?--国企高管变更的实证研究[J].管理世界,2015(3):151-163.

[152] 刘守英,颜嘉楠."摘帽"后的贫困问题与解决之策[J].上海交通大学学报(哲学社会科学版),2020(6):21-27.

[153] 刘文斌,武力.乡村振兴进程中脱贫攻坚的成效利用与经验传递[J].河南师范大学学报(哲学社会科学版),2020(5):30-37.

[154] 刘洋.数字经济、消费结构优化与产业结构升级[J].经济与管理,2023(3):68-76.

[155] 吕承超,崔悦.乡村振兴发展:指标评价体系、地区差距与空间极化[J].农业经济问题,2021(5):20-32.

[156] 吕迪伟,蓝海林,曾萍,等.异源绩效压力对企业外部研发倾向的异质性影响——区域制度环境的调节作用[J].研究与发展管理,2019(2):44-55.

[157] 吕佳宁.企业社会责任活动的投入及成效:来自精准扶贫的经验证据[D].呼和浩特:内蒙古大学,2020.

[158] 陆继霞.中国扶贫新实践:民营企业参与精准扶贫的实践、经验与内涵[J].贵州社会科学,2020(3):154-160.

[159] 卢黎歌,武星星.后扶贫时期推进脱贫攻坚与乡村振兴有机衔接的学理阐释[J].当代世界与社会主义,2020(2):89-96.

[160] 陆益龙.聚焦新时代的乡村振兴[J].甘肃社会科学,2018(4):28-35.

[161] 罗必良,黄祖辉,黄延信,等.农业发展、乡村振兴与贫困治理——权威专家谋划破解"三农"困局[J].财经问题研究,2020(9):3-14.

[162] 马名杰,戴建军,熊鸿儒.数字化转型对生产方式和国际经济格局的影响和应对[J].中国科技论坛,2019(1):12-16.

[163] 聂长飞,简新华.中国高质量发展的测度及省际现状的分析比较[J].数量经济技术经济研究,2020(2):26-47.

[164] 欧健.共同富裕:历史方位、现实图景与实现机制[J].河南社会科学,2022(1):1-13.

[165] 潘璐,李华.遭遇产业转移的赵村:空间视角下的农政问题[J].中国农业大学学报(社会科学版),2018(4):5-17.

[166] 潘奇,朱一鸣,林枫.两难困境下国有企业最优捐赠策略——基于产权性捐赠差异及其绩效的实证发现[J].中国工业经济,2015(9):145-160.

[167] 任保平,杜宇翔,裴昂.数字经济背景下中国消费新变化:态势、特征及路径[J].消费经济,2022(2):3-10.

[168] 任长秋,王钊.企业介入精准扶贫的影响因素研究——基于注意力视角的实证分析[J].软科学,2020(6):72-78.

[169] 芮正云,庄晋财.产业网络对新创小微企业成长绩效的影响研究[J].经济体制改革,2014(5):97-101.

[170] 单标安,蔡莉,陈彪,等.中国情境下创业网络对创业学习的影响研究[J].科学学研究,2015(6):899-906,914.

[171] 沈剑波,王应宽,朱明,王恳.乡村振兴水平评价指标体系构建及实证[J].农业工程学报,2020(3):236-243.

[172] 石明明,江舟,周小焱.消费升级还是消费降级[J].中国工业经济,2019(7):42-60.

[173] 史志乐,张琦.脱贫攻坚保障:贫困县考核机制的改进完善和创新[J].南京农业大学学报(社会科学版),2018(2):45-55,159.

[174] 宋心畔.微型企业创业学习、创新能力与创业绩效的关系研究[D].大连:东北财经大学,2014.

[175] 孙久文,李方方,张静.巩固拓展脱贫攻坚成果加快落后地区乡村振兴[J].西北师大学报(社会科学版),2021(3):5-15.

[176] 陶文杰,金占明.媒体关注下的CSR信息披露与企业财务绩效关系研究及启示——基于我国A股上市公司CSR报告的实证研究[J].中国管理科学,2013,21(4):162-170.

[177] 唐鲁滨.创业网络、创业学习对新创企业成长的影响研究[D].杭州:浙江理工大学,2013.

[178] 唐仁健.坚定不移走中国特色社会主义乡村振兴道路[J].求是,2022(7):30-35.

[179] 唐任伍,郭文娟.乡村振兴演进韧性及其内在治理逻辑[J].改革,2018(8):64-72.

[180] 唐琦,夏庆杰,李实.中国城市居民家庭的消费结构分析:1995-2013[J].经济研究,2018(2):35-49.

[181] 滕永乐,孙雪萍.中国农村居民消费结构分析——基于隐性直接相加需求系统的研究[J].江西财经大学学报,2013(3):85-93.

[182] 田惠敏,张一浩.乡村振兴背景下的返贫防范机制研究[J].农村金融研究,2020(2):11-17.

[183] 田野,黄进,安敏.乡村振兴战略下农业现代化发展效率评价——基于超效率DEA与综合熵值法的联合分析[J].农业经济问题,2021(3):100-113.

[184] 仝志辉,侯宏伟.农业社会化服务体系:对象选择与构建策略[J].改革,2015(1):132-139.

[185] 涂圣伟.脱贫攻坚与乡村振兴有机衔接:目标导向、重点领域与关键举措[J].中国农村经济,2020(8):2-12.

[186] 万良杰,薛艳坤."精准脱贫"导向下企业参与民族贫困地区扶贫工作机制创新研究[J].贵州民族研究,2018(11):38-44.

[187] 王春城,王帅."十四五"财政政策供给的继承与创新:着眼脱贫攻坚与乡村振兴有效衔接[J].地方财政研究,2021(1):27-32.

[188] 王春光,单丽卿.农村产业发展中的"小农境地"与国家困局——基于西部某贫困村产业扶贫实践的社会学分析[J].中国农业大学学报(社会科学版),2018(3):38-47.

[189] 王帆,陶媛婷,倪娟.精准扶贫背景下上市公司的投资效率与绩效研究——基于民营企业的样本[J].中国软科学,2020(6):122-135.

[190] 汪厚庭.山区乡村产业振兴与有效治理模式和路径优化——基于皖南山区乡村实践研究[J].云南民族大学学报(哲学社会科学版),2021(1):64-72.

[191] 王乐君,寇广增,王斯烈.构建新型农业经营主体与小农户利益联结机制[J].中国农业大学学报(社会科学版),2019(2):89-97.

[192] 王良健,侯文力.地方政府绩效评估指标体系及评估方法研究[J].软科学,2005(4):11-13,22.

[193] 王伦.精准扶贫参与度对企业创新的影响研究[D].昆明:云南财经大学,2020.

[194] 王介勇,戴纯,刘正佳,等.巩固脱贫攻坚成果,推动乡村振兴的政策思考及建议[J].中国科学院院刊,2020(10):1273-1281.

[195] 王晶晶.企业参与精准扶贫的财务绩效影响研究——以牧原股份为例[D].广州:广东外语外贸大学,2020.

[196] 王建玲,李玥婷,吴璇.企业社会责任报告与债务资本成本——来自中国A股市场的经验证据[J].山西财经大学学报,2016(7):113-124.

[197] 王建平.中国制造企业网络关系异质性和稳定性对探索式创新的影响:知识冗余的调节效应[J].科研管理,2020(11):90-99.

[198] 王士红.所有权性质、高管背景特征与企业社会责任披露——基于中国上市公司的数据[J].会计研究,2016(11):53-60.

[199] 汪三贵,冯紫曦.脱贫攻坚与乡村振兴有机衔接:逻辑关系、内涵与重点内容[J].南京农业大学学报(社会科学版),2019(5):8-14,154.

[200] 汪三贵,冯紫曦.脱贫攻坚与乡村振兴有效衔接的逻辑关系[J].贵州社会科学,2020(1):4-6.

[201] 王思斌.乡村振兴中韧性发展的经济——社会政策与共同富裕效应[J].探索与争鸣,2022(1):110-118.

[202] 王善平,王娟萍.精准扶贫、政治关联与融资约束[J].财会月刊,2020(20):16-22.

[203] 王文彬.由点及面:脱贫攻坚转向乡村振兴的战略思考[J].西北农林科技大学学报(社会科学版),2021(1):52-59.

[204] 王玉柱.数字经济重塑全球经济格局——政策竞赛和规模经济驱动下的分

化与整合[J].国际展望,2018(4):60-79,154-155.

[205] 王志章,王静,魏晓博.精准脱贫与乡村振兴能够统筹衔接吗?[J].湖南师范大学社会科学学报,2020(2):73-81.

[206] 魏程琳.政府干预转型与乡村产业发展:基于国家农民关系重构的视角[J].深圳大学学报(人文社会科学版),2021(3):108-119.

[207] 魏丹,张目杰,梅林.新乡贤参与乡村产业振兴的理论逻辑及耦合机制[J].南昌大学学报(人文社会科学版),2021(3):72-80.

[208] 吴亮,赵兴庐,张建琦.以资源拼凑为中介过程的双元创新与企业绩效的关系研究[J].管理学报,2016(3):425-431.

[209] 吴晓波,付亚男,吴东,等.后发企业如何从追赶到超越?基于机会窗口视角的双案例纵向对比分析[J].管理世界,2019(2):151-167,200.

[210] 奚雷,彭灿,杨红.资源拼凑对双元创新协同性的影响:环境动态性的调节作用[J].技术经济,2017(4):1-5,62.

[211] 肖旭,戚聿东.产业数字化转型的价值维度与理论逻辑[J].改革,2019(8):61-70.

[212] 谢永清,谢瑾惠.国家支持脱贫攻坚的税收政策探析[J].西部财会,2019(8):13-16.

[213] 熊颖,郭守亭.数字经济发展对中国居民消费结构升级的空间效应与作用机制[J].华中农业大学学报(社会科学版),2023(1):47-57.

[214] 徐明强,许汉泽.新耦合治理:精准扶贫与基层党建的双重推进[J].西北农林科技大学学报(社会科学版),2018(3):82-89.

[215] 徐凤增,袭威,徐月华.乡村走向共同富裕过程中的治理机制及其作用--项双案例研究[J].管理世界,2021(12):134-151,194.

[216] 许汉泽,李小云.深度贫困地区产业扶贫的实践困境及其对策--基于可行能力理论的分析[J].甘肃社会科学,2019(3):130-136.

[217] 许汉泽,徐明强.再造新集体经济:从"产业扶贫"到"产业兴旺"的路径探索——对H县"三个一"产业扶贫模式的考察[J].南京农业大学学报(社会

科学版),2020(4):78-90.

[218] 徐雪高,侯惠杰.产业兴旺的定位、特征与促进建议[J].江苏农业科学,2019,(17):1-4.

[219] 徐宗阳.资本下乡的社会基础--基于华北地区一个公司型农场的经验研究[J].社会学研究,2016(5):63-87.

[220] 姚海琳,王昶,周登.政府控制和市场化进程对企业社会责任的影响——来自中国沪市上市公司的经验证据[J].现代财经:天津财经学院学报,2012(8):58-69.

[221] 颜克高,井荣娟.制度环境对社会捐赠水平的影响——基于2001—2013年省际数据研究[J].南开经济研究,2016(6):41-55.

[222] 叶伟巍,高树昱,王飞绒.创业领导力与技术创业绩效关系研究——基于浙江省的实证[J].科研管理,2012(8):9-15.

[223] 叶兴庆.新时代中国乡村振兴战略论纲[J].改革,2018(1):65-73.

[224] 易玄,吴蓉,谢志明.产权性质、企业精准扶贫行为与资本市场反应[J].贵州财经大学学报,2020(2):98-104.

[225] 闫周府,吴方卫.从二元分割走向融合发展——乡村振兴评价指标体系研究[J].经济学家,2019(6):90-103.

[226] 杨灿明.中国战胜农村贫困的百年实践探索与理论创新[J].管理世界,2021(11):1-15.

[227] 杨艳琳,袁安.精准扶贫中的产业精准选择机制[J].华南农业大学学报(社会科学版),2019(2):1-14.

[228] 杨小勇,余乾申.新时代共同富裕实现与民营经济发展协同研究[J].上海财经大学学报,2022(1):3-15,31.

[229] 杨永峰.社会网络与市场信息对技术创业企业战略柔性的驱动机制研究[D].天津:南开大学,2014.

[230] 尹成杰.巩固拓展脱贫攻坚成果同乡村振兴有效衔接的长效机制与政策研究[J].华中师范大学学报(人文社会科学版),2022(1):25-30.

[231] 于乐荣.产业振兴中小农户与现代农业衔接的路径、机制及条件--以订单农业为例[J].贵州社会科学,2021(2):156-162.

[232] 苑鹏.中国特色的农民合作社制度的变异现象研究[J].中国农村观察,2013(3):40-46.

[233] 岳国芳.脱贫攻坚与乡村振兴的衔接机制构建[J].经济问题,2020(8):107-113.

[234] 张德常.产业多样性的度量方法[J].统计与决策,2010(6):26-30.

[235] 詹新宇,刘文彬.中国式财政分权与地方经济增长目标管理——来自省、市政府工作报告的经验证据[J].管理世界,2020(3):23-39,77.

[236] 曾恒源,高强.脱贫攻坚与乡村振兴统筹衔接:学理必然、形势任务与政策转型[J].农业经济与管理,2021(2):1-10.

[237] 曾洁华,钟若愚.互联网推动了居民消费升级吗——基于广东省城市消费搜索指数的研究[J].经济学家,2021(8):31-41.

[238] 张青.脱贫攻坚与乡村振兴的内在逻辑与有机衔接[J].理论视野,2020(10):55-60.

[239] 张挺,李闽榕,徐艳梅.乡村振兴评价指标体系构建与实证研究[J].管理世界,2018(8):99-105.

[240] 张婷婷.区域文化、管理者特质与企业财务行为[D].北京:对外经济贸易大学,2017.

[241] 张涛,陈体标,刘婷.企业增长和盈利能力的相互影响——基于中国工业企业数据库的分析[J].江西财经大学学报,2016(3):3-19,130.

[242] 张雪玲,吴恬恬.中国省域数字经济发展空间分化格局研究[J].调研世界,2019(10):34-40.

[243] 张元洁,田云刚.马克思的产业理论对乡村产业振兴的指导意义[J].中国农村经济,2020(10):2-16.

[244] 张曾莲,董志愿.参与精准扶贫对企业绩效的溢出效应[J].山西财经大学学报,2020(5):86-98.

[245] 张正勇,吉利.企业家人口背景特征与社会责任信息披露——来自中国上市公司社会责任报告的经验证据[J].中国人口·资源与环境,2013(4):131-138.

[246] 张中敏.税收支持乡村振兴的理论探索[J].税收经济研究,2019(2):91-95.

[247] 张玉明,邢超.企业参与产业精准扶贫投入绩效转化效果及机制分析——来自中国A股市场的经验证据[J].商业研究,2019(5):109-120.

[248] 章文光.精准扶贫与乡村振兴战略如何有效衔接[J].人民论坛,2019(4):106-107.

[249] 赵兴庐,张建琦.资源拼凑与企业绩效——组织结构和文化的权变影响[J].经济管理,2016(5):165-175.

[250] 郑瑞强,郭如良."双循环"格局下脱贫攻坚与乡村振兴有效衔接的进路研究[J].华中农业大学学报(社会科学版),2021(2):10-21.

[251] 郑山水.商业关系网络对新创企业绩效影响的实证研究——创业学习的调节效应[J].科技和产业,2016(7):106-113.

[252] 郑永年,黄彦杰.制内市场:中国国家主导型政治经济学[M].杭州:浙江人民出版社,2021.

[253] 庄天慧,孙锦杨,杨浩.精准脱贫与乡村振兴的内在逻辑及有机衔接路径研究[J].西南民族大学学报(人文社会科学版),2018(12):113-117.

[254] 邹升平,程琳.论民营经济参与共同富裕进程的机理、原则与路径[J].内蒙古社会科学,2021(6):114-122.

[255] 朱兵,王文平,王为东等.企业文化、组织学习对创新绩效的影响[J].软科学,2010(1):65-69,74.

[256] 朱启铭.脱贫攻坚与乡村振兴:连续性、继起性的县域实践[J].江西财经大学学报,2019(3):95-104.

[257] 祝振铎,李新春.新创企业成长战略:资源拼凑的研究综述与展望[J].外国经济与管理,2016(11):71-82.

[258] 钟钰.实施乡村振兴战略的科学内涵与实现路径[J].新疆师范大学学报(哲

学社会科学版),2018(5):71-76.

[259] 周娟.农村集体经济组织在乡村产业振兴中的作用机制研究——以"企业＋农村集体经济组织＋农户"模式为例[J].农业经济问题,2020(11):16-24.

[260] 周雪光."逆向软预算约束":一个政府行为的组织分析[J].中国社会科学,2005(2):132-143,207.

[261] 周雪光.权威体制与有效治理:当代中国国家治理的制度逻辑[J].开放时代,2011(10):67-85.

[262] 朱海波,聂凤英.深度贫困地区脱贫攻坚与乡村振兴有效衔接的逻辑与路径[J].南京农业大学学报(社会科学版),2020(3):15-25.

[263] 朱金凤.制度环境,产权性质与公司慈善捐赠——来自沪深A股上市公司的经验证据[J].财经论丛,2015(10):77.

[264] 朱启臻,吴玉敏.乡村价值:从脱贫攻坚到乡村振兴的行动范式[J].党政研究,2020(5):1-10.

[265] 朱秀梅,李明芳.创业网络特征对资源获取的动态影响:基于中国转型经济的证据[J].管理世界,2011(6):105-115.

[266] 左莉,周建林.认知柔性、创业拼凑与新企业绩效的关系研究—基于环境动态性的调节作用[J].预测,2017(2):17-23.

[267] 左停,李世雄.2020年后中国农村贫困的类型、表现与应对路径[J].南京农业大学学报(社会科学版),2020(4):58-67.

[268] 左停,刘文婧,李博.梯度推进与优化升级:脱贫攻坚与乡村振兴有效衔接研究[J].华中农业大学学报(社会科学版),2019(5):21-28,165.

[269] 左停,苏武峥.乡村振兴背景下中国相对贫困治理的战略指向与政策选择[J].新疆师范大学学报(哲学社会科学版),2020(4):88-96.

[270] 左停,杨雨鑫,钟玲.精准扶贫:技术靶向、理论解析和现实挑战[J].贵州社会科学,2015(8):156-162.

后　　记

　　作为在高等院校从事企业理论学术研究和课堂教学的教师、作为长期保持与民营企业交流和关注乡村发展的管理学爱好者、作为一名聚焦民营经济和乡村振兴领域的研究者，作者以审视民营企业精准扶贫为基础，探讨民营企业参与乡村振兴的长效机制。本书研究能够以城乡资源契合与供需平衡匹配为纽带，探索激励民营企业积极参与乡村振兴的方式、解析城乡产业协同创新的潜在瓶颈、设计"政府—民营企业—乡村—农户—城乡市场"多元主体的价值共创途径，同时丰富农业经济管理和农村经济学的理论体系，拓展学科交叉融合的研究思路。本书还能够帮助各级政府科学制定激励民营企业对口帮扶、实现乡村全面振兴的相关政策，指导不同类型民营企业科学制定参与特定区域乡村振兴的典型匹配方式、积极推进民营企业参与乡村振兴的阶段跃迁，分类设计民营企业参与乡村振兴的价值共创途径，为乡村全面振兴和民营企业持续壮大提供坚实基础。

　　本书的完成要感谢浙江工商大学许永斌教授、谢诗蕾教授、胡国柳教授、曾爱民教授、黄溶冰教授、朱朝晖教授、杨玉龙教授等的悉心指导，导师们的精心栽培是作者能够取得微末成就的营养土壤。同时还要感谢浙江工商大学、湖南工学院各位领导的关心和帮助。

　　本书的研究成果是作者近年来学术研究、企业实践的一个阶段性小结，同时也是今后科研工作新的起点。